Empoderando La Docencia con el Coaching

Programa Orientado a Educadores de Pregrado y Secundaria

ANA MARÍA VILLALPANDO

Primera Edición

Categoría:
Educación, Docencia.

Colaboradores:
Servicio ACE – ACCA

Copyright © 2019 Ana María Villalpando

ISBN: 9781692608675
Imprint: Independently published

Correo: anamavillalmon@gmail.com

ÍNDICE

Ana María Villalpando

INTRODUCCIÓN

Durante décadas hemos aceptado el modelo tradicional de educación como la única forma de impartir el conocimiento, sin cuestionar la finalidad y los resultados que éste genera en los estudiantes.

Características como las clases jerárquicas y magistrales, la estructura tanto de los contenidos, como la forma y lugar en que se imparten, están siendo seriamente cuestionados por algunos precursores de una nueva forma de impartir educación, en la cual se respeta y legítima la diversidad de talentos, se fomenta la creatividad y se libera a los alumnos (y docentes) de estructuras mentales que han marcado tiempos pasados.

El mundo ha cambiado vertiginosamente y con él los objetivos de la población y sus formas de vida. Uno de los primeros pasos para poder llegar a aceptar y validar estos cambios es tomar conciencia y darnos cuenta de que los antiguos sistemas no están resolviendo los desafíos a los que nos enfrentamos hoy en día.

Actualmente podemos disfrutar de herramientas que eran imposibles de concebir años atrás y continúan aumentando a una velocidad increíble, por lo que necesitamos como docentes y ciudadanos conscientes hacer un llamado para que estas nuevas herramientas potencien el bienestar y desarrollo de la humanidad, en vez de convertirnos en esclavos de ellas.

¿Para que orientar a las nuevas generaciones a seguir los mismos caminos de sus antecesores?, si el estado natural que nos ha caracterizado como especie es el desarrollo y crecimiento; no dejemos que la educación, una de las actividades que más potencian el desarrollo humano, se quede estancada en el tiempo.

MÓDULO 1

CONTEXTO EDUCACIONAL
ACTUAL

Ana María Villalpando

El impacto de la tecnología y el cambio del paradigma educativo

Si analizáramos la forma en que el ser humano adquiere los conocimientos y se realiza el aprendizaje, podríamos notar que el actual modelo educativo posee ciertas carencias y limitaciones, y si bien en algunos establecimientos educacionales están modificando la forma en la que enseñan, aún queda un largo camino para que la comunidad adopte un nuevo paradigma educativo. La necesidad de adoptar una nueva forma de impartir la educación, se debe principalmente a que existen factores que han impactado fuertemente nuestra forma de vida y de percibir el mundo.

El objetivo de este módulo es determinar las características principales del nuevo usuario de educación a partir de un análisis cualitativo del contexto en el cual han crecido las distintas generaciones de alumnos que conviven actualmente en el sistema educativo. Este marco contextual nos permitirá comprender a grueso modo por qué cada generación que convive actualmente piensa de manera distinta, lo que nos facilitará abordar la educación con una visión más amplia y nuevas perspectivas.

Los usuarios de educación

Cuando hablamos de educación generalmente se nos viene a la cabeza el proceso de formación que viven niños y jóvenes en su desarrollo para convertirse en adultos o adultos que continúan formándose para adquirir nuevas habilidades; sin embargo, no debemos dejar fuera a los adultos mayores, quienes gracias al incremento en la expectativa de vida han decidido retornar a las aulas. Este grupo no es de menor importancia si consideramos que en América Latina se estima que según la Unesco en el año 2025 habrá 95 millones de personas de 60 años en adelante. Dado lo anterior podemos decir que el sistema de educación está constituido al menos por tres generaciones distintas. Lo mismo pasa con las personas que ejercen la docencia, cuyo espectro etario incluye hasta las personas nacidas a inicios de los años 90, y desde las nacidas durante la década de los 40, lo que indica la abismal diferencia que pueden tener en pensamientos y formas de ser, si consideramos que estos últimos nacieron en una época marcada por los efectos de la Segunda Guerra Mundial en Europa y la inclusión de América Latina en el bloque occidental y capitalista, determinándose así su posterior desarrollo social, económico y político.

No son menores las diferencias de las personas nacidas entre las generaciones mencionadas y con eso nos referimos a todos aquellos que crecieron durante la década de los 80, época en la que los primeros acercamientos de la revolución tecnológica estaban recién comenzando e influyendo fuertemente en nuestra forma de ser, al modificar la manera en que nos comunicamos, hacemos las cosas y vemos el mundo. Las diferencias generacionales siguen creciendo, si pensamos que los hijos de esta última generación nacieron en un mundo ya digitalizado, donde Internet y los smartphones ya no son ninguna novedad.

Pocos actores quedaron fuera de la llamada revolución tecnológica, hoy la mayoría de los procesos han cambiado y la mayoría de la población ha modificado su estilo de vida gracias a la tecnología; quienes han nacido bajo este contexto han adquirido naturalmente las múltiples herramientas y facilidades que les aporta la tecnología, mientras que el resto de la población ha debido incorporarlas gradualmente.

La necesidad de remontarnos al momento histórico y social en el que nació y creció cada generación, radica en que se han detectado ciertas similitudes entre ellos, en lo que respecta a su comportamiento, forma de ver el mundo, valores y actitudes. No desconocemos que la forma de ser de cada individuo está marcada también por diversas situaciones familiares, culturales, económicas, etc., pero no debemos desconocer que el análisis del componente histórico y social nos permitirá crear un marco contextual generacional con la finalidad de revelar sus principales características y facilitar la comprensión y entendimiento entre distintos grupos etarios.

La idea que se plantea aquí ya ha sido ampliamente planteada por diversos expertos, quienes han definido diferentes generaciones que corresponden a intervalos de tiempo en la historia. Para efectos de este trabajo nos basaremos en esas denominaciones que van desde las generaciones comprendidas desde finales del siglo XX, y que son Generación Interbellum, Generación Grandiosa,

Generación Silenciosa, Baby Boomers, Generación X, Generación Y, Generación Z.

Cabe destacar que estas denominaciones están en su mayoría relacionadas con las sociedades de países desarrollados; así por ejemplo, los nacidos entre 1945 y 1964 son denominados Baby Boomers, y son catalogados como una generación que adoptó conductas y valores en pos de la libertad individual; es más, los Boomers a menudo se asocian con el movimiento por los derechos civiles, la causa feminista en la década de los 70, los derechos de los sexo-género diversos, de los discapacitados, así como el derecho a la intimidad".[1]

Dado lo anterior, hemos tenido las siguientes consideraciones al incluirlas en el marco contextual de cada generación de estudiantes:

1) Hemos adaptado estas denominaciones, sobre todo la de la generación nacida en los 40, a los hechos históricos acontecidos en Latinoamérica, ya que el panorama era totalmente opuesto.

2) Debemos considerar que el rezago tecnológico respecto a países más desarrollados puede desplazar las fechas de inicio y corte de cada generación; sin embargo, dado que las nuevas generaciones han estado bajo los efectos de la globalización, las características comunes son cada vez mayores; de hecho, una encuesta realizada por fundación

---

[1] Editorial la Paz (s/f) Generaciones. Editoriallapaz.org. Recuperado de: http://www.editoriallapaz.org/generaciones.htm [Consulta: 21 nov, 2018].

Telefónica en 2014 indica que para los millennials – los nacidos a partir de los años 80– "internet y la telefonía móvil son temas transversales. Un 83% dice que está a la vanguardia en tecnología y la mayoría cree que contar con la formación digital necesaria puede mejorar su rendimiento laboral y carrera profesional".[2]

3) La población latinoamericana aún cuenta con grandes desigualdades económicas y sociales, por lo que las denominaciones se centran en lo observado en las áreas urbanas. Como ya mencionamos, a los nacidos entre las décadas de los 40 y de los 60 (aproximadamente), se les denomina Baby Boomers, y si bien previamente existieron otras generaciones con comportamientos y formas de vida distintas, para nuestros efectos nos centraremos en las generaciones a partir de la señalada, ya que nuestro análisis se limita a las generaciones que conviven en tiempos actuales y componen en distintos grados los usuarios del actual sistema educativo. A continuación haremos un breve análisis de las principales características y diferencias de cada grupo generacional.

Nacidos entre 1946 y 1965: Baby Bommers

Su nombre se origina por la explosión demográfica catalogada como "Baby Boom" que sacudió a varios países

---

[2] Pulso. (2014) Millenials de ameíca Latina apuestan por ser emprendedores. Recuperado de: http://www.iab.cl/millennials-america-latina-apuestan-emprendedores/ [Consulta: 28 nov, 2018].

anglosajones[3]. Para los latinoamericanos estuvo marcada, en su mayoría, por eventos como la Revolución Cubana, los diez años de primavera de Guatemala, sentimientos antiimperialistas y una fuerte influencia de la URSS generalizada en las fuerzas políticas de izquierda; en suma esta generación estuvo marcada por revoluciones, protestas, desórdenes y represión, en distintas partes de Latinoamérica. Todos estos acontecimientos modelaron en mayor o menor medida la forma de ver el mundo de esta generación a quienes "Las expresiones 'inflación', 'deuda externa' y 'crisis' les son muy familiares y los impulsan a cuidar el dinero y a buscar contar con inmuebles propios en lugar de rentar, para sentir certidumbre económica hacía el futuro".[4]

Quizás producto de lo anterior podemos decir que esta generación prefiere los trabajos tradicionales, dependientes, escalables y donde muchos han pasado o pasaron la mayor parte de su vida. "El trabajo es importante para ellos, son comprometidos, fieles a su vida profesional y buenos para crear equipos. Esperan del trabajo seguridad y estabilidad; están acostumbrados a trabajar muchos años en la misma empresa".[5]

---

[3] "Baby boomer." *Wikipedia, La enciclopedia libre*. 28 julio 2018, 13:23 UTC. 26 nov 2018, 10:41
https://es.wikipedia.org/w/index.php?title=Baby_boomer&oldid=118268262
[4] Perezbolde. (2014) Conoce las diferencias entre millennials, Genx y Baby Boomers. Recuperado de: http://www.merca20.com/conoce-las-diferencias-entre-millennials-genx-y-baby-boomers/ [Consulta: 28 nov, 2018].
[5] Rius. (2016) Así vemos el trabajo según la edad. Recuperado de: http://www.lavanguardia.com/vida/20160401/40801626085/diferencias-generacionales-en-el-trabajo-baby-boomers-millennials-generacion-x-generacion-z-generacion-empleo.html [Consulta: 28 nov, 2018].

La seguridad y estabilidad no se dio sólo en el ámbito laboral, ya que en el personal prefieren la vida familiar y son los más cercanos a las religiones; de hecho, "Los divorcios no fueron tan comunes en su generación como lo han sido en las generaciones X y Y. Por muchos son admirados por sus valores morales. Una gran mayoría de los miembros de esta generación están en contra del aborto, del matrimonio entre personas del mismo género y contra actos de violencia doméstica".[6]

Los Baby Boomers también vivieron importantes acontecimientos a nivel de desarrollo humano y tecnológico que generaciones anteriores difícilmente pudieron haber imaginado, tales como: "el nacimiento de la televisión, vieron en vivo la llegada del hombre a la luna, pasaron del cine en blanco y negro al de color, del teléfono de disco al de tonos, se maravillaron con la llegada del fax, la lavadora eléctrica, los relojes de pulsera digitales, y por si no fuera suficiente para ellos, también vieron nacer a la telefonía celular, la computadora personal y el Internet".[7]

Hoy en día una gran parte de esta generación goza de un gran poder económico y político en muchos países de Latinoamérica y el mundo, y si bien muchos están retirados o cerca del retiro, son un mercado importante en los ámbitos de viajes, salud y, por qué no decirlo, en educación.

---

[6] Arias. (s/f) [En línea] La generación de los "baby boomers" "Quienes son los baby boomers"? Recuperado de: http://www.psicologicamentehablando.com/la-generacion-de-los-baby-boomers/ [Consulta: 29 nov, 2018].
[7] Perzbolde. (2014) Conoce las diferencias entre millenials, Genx y Baby Boomers. Recuperado de: http://www.merca20.com/conoce-las-diferencias-entre-millennials-genx-y-baby-boomers/ [Consulta: 28 nov, 2018].

Nacidos entre 1965 y 1980: Generación X

A la generación nacida entre mediados de los 60 y principio de los 80, aproximadamente, se le llama Generación X. Hijos de los Baby Boomers, vivieron un período de grandes cambios. Si bien sus padres vivieron la incorporación de muchos aparatos eléctricos en su vida, la Generación X vivió en pleno la introducción de la electrónica y lo digital, además la revolución de Internet en los años 90. Durante esos años existió un repunte de las tasas de crecimiento económico en la mayoría de los países latinoamericanos, pero a pesar de ese crecimiento América Latina siguió demostrando diferencias sociales importantes y una lenta, aunque también importante, disminución de la pobreza, lo que entre otras cosas provocó malestar en la ciudadanía, llegando a poner en riesgo los sistemas políticos.

Puede ser que por los alcances de este entorno social y político, y porque fue la generación que vivió bajo el alero de la cultura de la televisión, que entre sus más críticos se indique que "Los 'X' se identifican en la apatía subversiva del consumismo y la comodidad, capaz de disolver cualquier intento de transformación. Representan sólo un conglomerado de modas y actitudes dispersas entre sí, a diferencia de los 'Baby Boomers', quienes buscan el poder mediante la preparación especializada, el control de los medios de producción y de los círculos políticos".[8]

---

[8] Zavala. (s/f) Comportamiento de las diferentes generaciones. Recuperado de: http://gerza.com/articulos/aprendizaje/todos_articulos/comport_generaciones.ht ml [Consulta: 29 dic, 2018].

Nacidos entre 1980 y 1995: Generación Y

También llamados millennials, se refiere a los nacidos entre inicios de los 80 y mediados de los 90, para esta generación el tiempo es más valioso que el dinero, la estabilidad no es un valor importante y la calidad de vida es una prioridad.

En esta generación la relación con los de generaciones anteriores comienza a cambiar, ya que tienen percepciones distintas en cuanto a valores, el cambio y sobre todo la autoridad. El filosofo argentino especializado en nuevos medios, Alejandro Piscitelli, en una entrevista[9] realizada en México, indica que en esta generación se vive una ruptura alfabeto generacional, que tiene que ver con la aparición de nuevos lenguajes, de nuevos valores y de unas relaciones muy difíciles entre adultos y jóvenes, estos últimos están muy alejados del poder concentrado, político y económico convencional y requieren reconstruir la noción de autoridad, no represiva sino consensuada y dialogada, que permita resolver el conflicto intergeneracional.

Son los primeros en sentir los efectos de lo que algunos autores han llamado infoxicación o exceso de información. Entre ellos es común la utilización de aplicaciones, smartphones y redes sociales para expresarse. Este acercamiento natural a la tecnología les ha permitido emprender con mayor facilidad, ya que "Pueden pensar en negocios que sean completamente virtuales, sin que requieran una localización física para producir y vender; pero

---

[9] AIEDMX. (24 jul, 2015) La Mesa Cuadrada – La era de los millennials. [Archivo Video] Recuperado de: https://www.youtube.com/watch?v=-Kt9ESGCZ8k [Consulta: 29 dic, 2018].

también pueden crear empresas mixtas en donde fabrican o comercializan en un mercado tradicional, pero con opciones de mercadeo y ventas en línea, pudiendo expandir sus servicios a nivel mundial con costos impresionantemente bajos comparados a como eran hace veinte o más años".[10]

De acuerdo a una encuesta realizada por Telefónica en 2014, "Con respecto a los temas que más le preocupa a este segmento [personas con edades entre 18 y 30 años] en América Latina, claramente el más importante es la pobreza, con un 44% de menciones en las encuestas. Le sigue a éste la corrupción (36%), la economía (26%) y la educación (26%)". (Pulso, 2014)

Nacidos entre 1995 y la actualidad: Generación Z

Nacidos en la era de las redes sociales, no conciben el mundo sin Internet ya que muchos de ellos son "nativos digitales", por lo que desde su niñez han podido acceder a la información fácilmente y a un mundo totalmente conectado, es más "Es una generación muy fuertemente atravesada por la tecnología, innovación y la hiperconectividad 24 horas los 365 días del año, se caracterizan por ser 'impacientes' y buscar resultados en el corto plazo"[11]. Sin embargo esta característica puede hacerlos propensos a una dependencia de la tecnología.

---

[10] Núñez. (s/f) Los "Millennials" desean ser emprendedores. Recuperado de: http://www.fundapymes.com/millennials-emprendedores/ [Consulta: 10 ene, 2018].
[11] Ortega. (2016) Centennials, la nueva generación que pone un pie en las empresas. Recuperado de: http://www.ambito.com/856642-centennials-la-nueva-generacion-que-pone-un-pie-en-las-empresas [Consulta: 10 ene, 2018].

A diferencia de las generaciones anteriores, ésta hace a un lado los medios tradicionales de televisión; ya no ven canales, ven sólo programas, lo que de cierta forma define su personalidad y no los limita como individuos a obtener la información que ofrece la televisión; es más, ellos son los creadores de sus propios contenidos, se expresan libremente en Internet, donde participan en grandes comunidades y redes sociales como Facebook, Instagram y Whatsapp, entre otras redes. Para muchos esta forma de relacionarse *"on line"* y a través de un medio digital los ha tornado.

Lo que sí es cierto es que ésta es una generación que aún está en crecimiento, cuyas habilidades y formas de ver el mundo aún no han sido totalmente demostradas; de nosotros depende facilitarles su entendimiento y transmitirle valores que les hagan tener un sentido positivo para el mundo. No desperdiciemos ni minimicemos las potencialidades de esta generación.

Para finalizar debemos mencionar que el concepto de generación es dinámico y en cualquier momento puede surgir una nueva generación, pero comprender cada una de estas generaciones y sus diferencias es importante para poder reforzar los vínculos entre las personas de distintas edades y poder lograr valiosas sinergias que mejoren nuestras vidas y logren superar problemas que han dañado a nuestras sociedades y al planeta durante tanto tiempo.

El nuevo ambiente laboral

En las empresas de hoy en día conviven tres generaciones distintas: los Baby Bommers, la Genereción X y los millennials, quienes deben aprender a sortear los problemas provocados por la brecha etaria. Ya hemos revisado a nivel macro las principales características que tienen las distintas generaciones y quizás ahora podamos comprender las razones que impulsan a algunos Baby Boomers y personas de la Generación X indicar que las nuevas generaciones son un "dolor de cabeza" en cuanto a lo laboral se refiere. En este sentido Alejandro Piscitelli indica que uno de los principales problemas que tienen las empresas es saber cómo gestionar a los millennials, porque en las generaciones anteriores los cambios de trabajo eran menores, y precisa: "...el promedio de cambio de trabajo hoy es cada tres años y se calcula que un millennial va a cambiar unas quince veces de trabajo (...), también es muy probable que tenga varias carreras diferentes". (AIEDMX, 2015)

Entre los principales cambios podemos mencionar que la generación de los baby boomers priorizan un sistema jerárquico y escalable hasta hoy, por lo que los cambios de trabajo en los integrantes de esa generación son menores, en el otro extremo tenemos a los millennials que, tal como mencionamos, se calcula va a cambiar 15 veces de trabajo y/o posición, además es posible que tenga distintas carreras, hay que prestarle importancia a esta generación ya que se estima que el año 2020, cerca del 50% de la fuerza laboral corresponderá a esta generación ... Por tal motivo esta sección estará más dedicada a indicar las características de dicha generación en lo que respecta al trabajo, a modo de comprender los cambios que está viviendo el mercado laboral en comparación con las dos generaciones anteriores.

Probablemente entre las razones de una de las principales características de la generación millennials en el ámbito laboral, que es la facilidad con la que deciden cambiarse o salirse de las organizaciones, está haber visto el esfuerzo con el que trabajaron sus padres y/o abuelos, quienes con las crisis de los años 90 fueron despedidos o no alcanzaron sus sueños a pesar de sus esfuerzos. También su crianza fue distinta, los niños en su mayoría "fueron muy escuchados y felicitados y su autoconfianza es muy alta y esperan del jefe (la autoridad) lo mismo que tenían en casa" (Rius, 2016). Si bien en ocasiones se menciona que ven a las generaciones anteriores como adictas al trabajo y que ellos valoran más su propio tiempo, nos parece que el análisis va más allá de eso y que esa percepción puede traducirse en realidad como una crítica hacia la sociedad y el modelo económico imperante que trata a las personas como "capital humano" para las empresas, en vez de "humanos" y prioriza en su mayoría únicamente los intereses económicos. En este marco ha nacido lo que se denomina "Empresas B", que son aquellas que usan la fuerza del mercado para dar solución a problemas sociales y ambientales. Estas empresas amplían el deber fiduciario de sus accionistas e incorporan intereses no financieros; generan impactos socioambientales favorables, y operan con altos niveles de desempeño.

El crecimiento de las empresas B ha sido exponencial durante los últimos años y posiblemente sigan colonizando el mercado y dando solución a problemas incluso más allá de los intereses financieros, y es en este mundo donde se están incorporando los millennials; donde si no tienen un propósito valioso, simplemente se van, privilegiando este último sobre los intereses económicos.

A continuación se muestra una gráfica que puede facilitar la comprensión de la empresa B:

Fuente sistemab.org

El modelo de negocio ya no constituye el centro de la empresa; ahora lo constituye su propósito, y en torno a éste están los ingresos, y se consideran las acciones de la empresa en cuanto a Gobierno, Trabajadores, Medioambiente y Comunidad.

Para finalizar es importante mencionar que ninguna generación es mejor que otra, simplemente son distintas, y en esa diversidad se encuentra la riqueza de poder complementarse y aprender unos de otros.

Recursos docentes del siglo XXI

¿Se puede hablar de NEUROEDUCADORES,
cómo una nueva profesión?

Francisco Mora

Aunque parezca increíble, al comenzar mis módulos de enseñanza les digo que no me crean todo lo que les digo; por muchas razones: la mayoría de los conceptos que aprendimos durante nuestra capacitación con la enseñanza de nuestros docentes, la enorme cantidad de bibliografía y enseñanzas que diariamente recibimos de nuestros congéneres y de nuestras propias experiencias, aumentan más y más nuestros conocimientos, implicando obviamente, confusión y saturación, y pensamos que estas ideas o conceptos en nuestra mente son totalmente nuestras, nuestro propio modo de pensar cuando son influido por lo anteriormente mencionado, a lo que agregamos, para decirlo coloquialmente, nuestra propia sal y pimienta; experiencia adquirida, indagaciones, habilidades, destrezas, experimentos. Estas ideas y conceptos muchas veces no están escritos en los libros, y si lo están, en la realidad se tornan inexactas, pues sólo son la "verdad" de un autor, su perspectiva, sin que eso signifique una verdad absoluta, debido a que la "realidad" es subjetiva.

¿Existe una verdad absoluta? ¿O es que todos tenemos nuestra propia verdad? La razón fundamental de este modo de pensar es la subjetividad, porque como seres humanos aprendemos aquello que más nos llama la atención, generándonos emoción, empatía, curiosidad y atención, en los complejos procesos cerebrales que implican el aprendizaje y el fortalecimiento de la memoria.

Como docentes nuestra misión es ser unos facilitadores del aprendizaje, transmitiendo la teoría correspondiente a temas y materias, matizada con nuestros conocimientos experiencias y habilidades; considerando asimismo los conocimientos, experiencias y habilidades –valga la redundancia– de los estudiantes para lograr mejorar la educación y la enseñanza en este nuevo siglo.

Cada ser humano tiene su propia verdad, que será percibida, interpretada y juzgada desde diversas perspectivas, "...según el color del cristal con que se mire". Si vemos la "teoría de la gravedad", o "la teoría de Copérnico", por ejemplo, desde el modo de ver científico, advertimos que no "se adivina" que los objetos caen hacia el suelo debido a la fuerza y gravedad, ni que la Tierra gira alrededor del Sol y no al revés. Ambas teorías están bien documentadas y cuentan con evidencia científica comprobatoria; en ambos casos existe una verdad absoluta.

Nueva tendencia en educación en el siglo XXI: Neurociencia, Educación y Cerebro

Los neurocientíficos y educadores toman cada vez más conciencia de la necesidad de realizar uniones, de tender puentes entre la Educación, la Neurociencia y el Cerebro; es decir, qué técnicas y qué metodologías pueden aplicarse para beneficiar las distintas áreas de la educación y el aprendizaje de los niños y jóvenes, y por qué no de personas mayores y ancianas a fin de lograr retardar ciertas enfermedades –vemos con mucha desesperanza que personas jóvenes enferman con demencia senil y la temida enfermedad de Alzheimer con cada vez más frecuencia.

Por su potencial efectividad la aplicación de la Neurociencia en la educación está empezando a suscitar entusiasmo, amplitud y diversidad de pensamientos en centros educativos y entre docentes; no obstante falta interés en el área quizás más importante: en los ministerios de educación y otros entes que regulan las leyes y las curriculas a implementarse en cada país.

Considerando los nuevos descubrimientos de los neurocientíficos, educadores y planificadores de la educación, quienes están más informados sobre la plasticidad sináptica del cerebro –durante la infancia, la adolescencia y la adultez–, vemos que responde a estímulos tanto fisiológicos como ambientales

Durante los tres primeros meses de nuestra concepción se establecen la mayoría de las neuronas y siguen produciéndose después del nacimiento, todos nacemos con la misma cantidad de neuronas; la niñez y la adolescencia es la época más importante para el aprendizaje debido a la mielinización (facilita la transmisión de los impulsos nerviosos de una neurona a otra); durante la adultez los cambios son menos radicales, el cerebro continua cambiando y evolucionando, aun considerando que lidiamos contra las improntas y limitantes que nos ponemos en el transcurso de nuestra vida adulta, contra la poda senaptica natural o atrofia neural, para luego encontrar nuevos caminos neuronales y llegar al objetivo de nuevos aprendizajes; aunque en la adultez seamos más lentos para procesar información y la memoria de trabajo sea más reducida, mostramos mejores conocimientos generales y verbales y una sofisticada pericia social (Leclerca y Hess, 2007).

La plasticidad contínua del cerebro sugiere que está dispuesto para el aprendizaje de por vida –con un entrenamiento diario, porque "si no lo utilizas, lo pierdes"–. La Neurociencia toma interés para la docencia debido a los avances relacionados con el desarrollo cerebral y su plasticidad continuada durante toda la vida, especialmente durante la niñez y la adolescencia, coadyuvando el aprendizaje mediante la visualización, la imitación, la observación, y promoviendo la creatividad mediante la lectura, la actuación, la música y el arte en general.

Las categorías "visual", "auditiva" y "cinestésica", de moda entre los estilos de aprendizaje, adquirieron significado pedagógico en sectores de la educación. Por ejemplo, un estudiante intuitivo está más influido por el cerebro derecho; en cambio, los estudiantes secuenciales que están más acostumbrados, o les gusta más el aprendizaje paso a paso, están dominados por sus respectivos hemisferios izquierdos, debido a que son más lógicos. ¿Cómo podemos determinar qué lado del hemisferio usamos más? La herramienta más conocida es el test de Benziger.

Neurociencia y Educación en diálogo

Según científicos y educadores, la Neurociencia y la Educación son como dos mundos separados por un abismo de comunicación, cuyos personajes conservan diferentes constructos acerca del cerebro y la mente. Debe existir un diálogo interdisciplinario cooperativo y, aparte de los contenidos curriculares, la función del cerebro debe valorarse como muy importante en todas las áreas educativas, incluyendo el diseño y la impartición de la enseñanza, la atención a todas las necesidades y –lo más importante– la nutrición desde la niñez hasta la vejez, que actualmente, el gobierno boliviano está tomando muy en cuenta, impulsando ciertos programas de salud prenatal.

Los educadores somos responsables de la *"transferencia de conocimientos"*, necesaria para dar la oportunidad a todas las personas de que aprendan eficazmente y descubran su potencial académico, social y emocional; tomando en cuenta que el educador tiene la responsabilidad de mantenerse al día con los últimos desarrollos científico-educativos provenientes de fuentes o investigaciones confiables. El reto más importante en este caso, como dije anteriormente, es poder tender puentes seguros entre ambas áreas del conocimiento.

La corriente pedagógica constructivista postula la necesidad de entregar herramientas para generar andamiajes que permitan al estudiante construir sus propios procedimientos para resolver situaciones problemáticas, implicando que sus ideas puedan verse modificadas y sigan aprendiendo, mediante procesos dinámicos, participativos e interactivos, haciendo que el conocimiento sea una construcción auténtica orientada a la acción y operada por el estudiante.

En esta corriente pedagógica destacan Jean Piaget, quien se centra la construcción del conocimiento partiendo desde la interacción con el medio ambiente, y Lev Vygotski, quien se centra cómo el medio social permite una reconstrucción interna que surge de las aplicaciones de la psicología conductual para programar la enseñanza de conocimiento.

La psicología humanista considera al ser humano como un todo y se interrelacionan: las emociones, el cuerpo, sentimientos, conducta, pensamientos, etc. Esta corriente nació a mitad del siglo XX, como alternativa a las dos teorías predominantes en la época: el conductismo y el psicoanálisis; ensalzando la salud mental y todos los atributos positivos de la vida, considerando a la persona como un ser individual y completo que es preciso atender de forma multidimensional y personalizada, basándose en la libertad, el significado de la vida, las emociones y la responsabilidad de sus actos. Su precursor fue Abraham Maslow, con su famosa pirámide donde establece jerarquía de necesidades humanas partiendo de las más básicas (fisiológicas) hasta llegar a la cúspide, donde se encuentra la autorrealización (estado de desarrollo del impulso vital).

Personalmente considero importante que intervenga el libre albedrío; como docente transmito la teoría; sin embargo, pongo en tela la juicio la importancia de las perspectivas experienciales "desde dentro del ser humano" en la educación-; es decir, es necesario partir del conocimiento y la experiencia de los estudiantes y no pasar por alto este mapa para viajar a través de niveles de acción, imaginando cómo se combinan diferentes ideas para promover el conocimiento en base al modelo *cerebro-mente-conducta-*

aprendizaje para incluir interacción y construcción social, logrando mejores niveles de acción en los estudiantes.

¿Cómo lograr unir estas tres áreas (mente-cerebro y aprendizaje) en la práctica y mejorar la enseñanza en el futuro?

Según Paul Howard Jones (2010), la investigación neurocientífica abarca tres categorías de estudio:

1. Estudios Científicos: revelan nuevos conocimientos científicos sobre mente y cerebro, interviniendo la educación.

2. Estudios que sirven de puente: orientados a examinar la relevancia del aprendizaje, para ampliar los conocimientos educativos y neuropsicológicos.

3. Estudios basados en la práctica: orientados a desarrollar conceptos, lenguaje y comprensión pedagógica, basados en las dos categorías anteriores.

Estos conceptos son sumamente importantes debido a que si no consideramos alguno de ellos no llegaríamos a nuestro objetivo final.

Asimismo, hay tres tipos de evidencia en las podemos basarnos para entender factores ambientales, conductas y otros fenómenos que relacionamos con el aprendizaje: *social, biológica y experiencial.*

1. Evidencia social relacionada con el aprendizaje: deriva del diálogo en clase (Mercer y Wegerif, 1999); por ejemplo, carcajadas, suspiros, gestos, expresiones faciales y textos escritos.

2. Evidencia experiencial relacionada con el aprendizaje: al final de clase, recogidos con prisa y utilizando técnicas de coaching, realizar a los estudiantes un cuestionario con opciones múltiples acerca de sus experiencias durante el curso, pidiéndoles que reflexionen sobre sus pensamientos, sentimientos, puntos de vista y constructos personales.

3. Evidencia biológica del aprendizaje: derivada de las imágenes cerebrales de los estudiantes antes y después de la intervención educativa mediante estudios tecnológicos (Shaywitz y cols., 2004).

Comúnmente los docentes se basan en formularios estructurados de evidencia social; es decir, hacen mayor énfasis en la demostración de conocimientos y comprensiones en los exámenes oficiales (escritos u orales, formales o informales, de acuerdo a la curricula de la institución educativa y normas establecidas de carácter social). No obstante existen otros enfoques. Por ejemplo, la importancia en la cognición del uso de los dedos detectada por la Neurociencia, nos sugiere un enfoque de la educación matemática para niños pequeños, adolescentes y adultos; ese uso explícito de los dedos permite un acercamiento inicial a las operaciones numéricas básicas (Kaufmann, 2008).

Investigación y acción

Capacitar a estudiantes y maestros para que aporten sus propias perspectivas experienciales sería una contribución sumamente importante, en el sentido de comprender cómo ellos sienten el aprendizaje o la enseñanza; lo que surge de la evidencia experiencial es enriquecedor para la implementación de ideas pedagógicas nuevas y creativas y para desarrollar los conceptos en los que se basan.

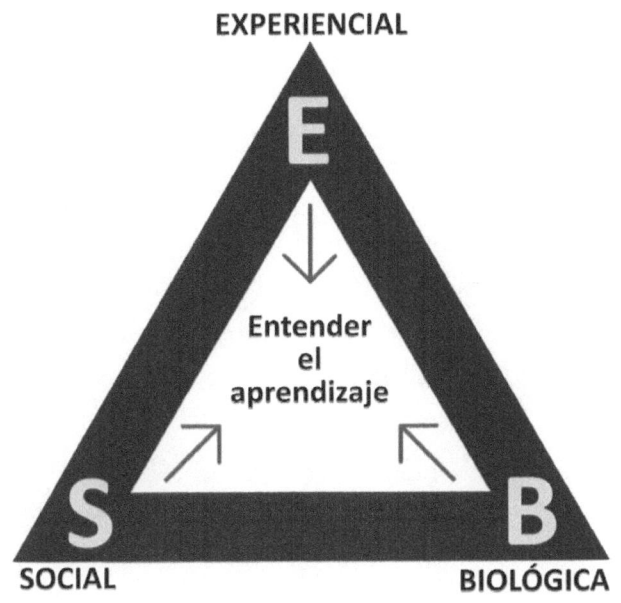

¿Cómo implementar el coaching educativo en las aulas?

¿Qué es el coaching?
Es un proceso de entrenamiento individual, de autodescubrimiento del SER para autodescubrir potencialidades, mejorando procesos mentales y emocionales con ética y responsabilidad.

Lograr la excelencia mediante el coaching educativo, la nueva sociedad del conocimiento

El coaching educativo posibilita un mejor rendimiento y que el aprendizaje se pueda desarrollar de forma natural, a veces por curiosidad innata del estudiante (que lamentablemente es inhibida). La educación debería acompañar más que instruir a los estudiantes, utilizando el coaching educativo, descubriendo sus potencialidades y mejorando el aprendizaje.

El coaching educativo está todavía poco desarrollado en nuestro país —menos aún la Neuroeducación—, debido probablemente a que e no se conocen las bases en que se sustentan ni su aplicación. En los tiempos actuales es sumamente importante que los docentes tengan una formación en Coaching y Neurociencia; las nuevas generaciones están cada vez más listas para devorar el mundo.

El modelo educativo en coaching debe ser cooperativo (no directivo) y potenciar los procesos de *"aprender a aprender"* (Baou Pérez, 2007).

Hay una idea sobre la Neuroeducación que me gustaría compartir, es de John Hattie:

"Los mayores efectos sobre el aprendizaje del alumno se dan cuando los profesores se convierten en alumnos de su propia enseñanza y los alumnos se convierten en sus propios profesores".

El uso de las TIC en la docencia

Las TIC son el conjunto de tecnologías de información y comunicación que permiten la adquisición, producción, almacenamiento, tratamiento, comunicación, registro y presentación de informaciones; en forma de voz, imágenes y datos contenidos en señales de naturaleza acústica, óptica y electromagnética, incluyendo la electrónica como tecnología base que soporta el desarrollo de las telecomunicaciones, la informática y el audiovisual.

Según la Unesco, las TIC pueden contribuir con el acceso universal a la educación, la igualdad en la instrucción, el ejercicio de la enseñanza, el aprendizaje de calidad y el desarrollo profesional de los docentes, así como con la gestión, dirección y administración más eficientes del sistema educativo.

La tecnología abrió a la docencia un amplio campo de oportunidades que podemos explotar, hacia la educación en la nueva era a la que nos enfrentamos las diferentes generaciones que actualmente convivimos en un mundo globalizado; me refiero a que cada vez más —y a más temprana edad—, niños y jóvenes tienen un dominio excepcional sobre las innovaciones prácticas respecto a internet, computadoras y tablets; se cuenta con mayores redes de aprendizaje que generan en los estudiantes nuevos conocimientos tecnológicos; los docentes tenemos una mayor oportunidad de contar con espacios abiertos de discusión para fortalecer los procesos de enseñanza y aprendizaje; ofrece una mejor calidad educativa donde se apliquen ciclos de mejoramiento continuo en los que pueda hacerse un diagnóstico de conocimientos actuales de los estudiantes, realizar un plan de mejoramiento global en el aula y lo más temible para cualquier estudiante: la evaluación, interna o externa.

Las TIC aplicadas a la educación

Debido a la globalización actual, es cada vez más necesario para los docentes de todas las generaciones el uso de herramientas que faciliten y agilicen el intercambio de información on line. Vemos un rezago en lo que se refiere ha *alfabetización tecnológica* y digital y una normal resistencia al cambio por parte de un buen número de docentes pertenecientes a la Generación X.

En Bolivia, de acuerdo con expectativas y metas mundiales, existe una enorme falencia en cuanto a adelanto tecnológico, en nuestras aulas se usan todavía el pizarrón y la tiza en el proceso de enseñanza-aprendizaje, aunque poco a poco se están implementando las pizarras acrílicas, realizando las instituciones un esfuerzo enorme en el cambio de sistemas que beneficie a estudiantes y docentes.

Existen herramientas relacionadas con las TIC, que benefician el desarrollo de la clase; no obstante, enfatizan aspectos negativos que pudieran afectar tanto a los alumnos como al quehacer del docente.

Debemos dejar en claro que estas metodologías basadas en características académicas, cognitivas y pedagógicas, tienen que ser planificadas conforme a la idiosincrasia de cada país, región, entidad, institución y grupo. Estas herramientas se desgajan de alguna manera de la educación tradicional; sin embargo, con el nuevo desarrollo de tecnologías y equipos, como datas, computadoras, smartphones, Internet, redes sociales, etc., y con la llegada del blended learning (aprendizaje semipresencial y/o multipresencial), la combinación del trabajo en aula con internet y medios digitales podría darnos un valor añadido: mejorar la enseñanza- aprendizaje y lograr unir la diversidad de tecnologías que están al alcance de docentes y estudiantes.

La sociedad actual exige que utilicemos con mucho criterio las competencias digitales de información con que cuentan los estudiantes de todos los niveles, para realizar un aprendizaje continuo, buscando información de fuentes autorizadas, mejorando la productividad personal y grupal.

Las TIC en las aulas académicas

Quienes pertenecemos a la generación Baby Boomers conocimos los reproductores de cassettes, CD o DVD, la televisión, las videocaseteras (VHS o Betamax), los proyectores de acetatos o diapositivas; estas herramientas actualmente se encuentran casi todas en desuso. Las nuevas tecnologías abrieron un camino diferente, maravilloso, tanto para docentes como para alumnos en todas las instituciones de estudio. Analizaremos las ventajas y desventajas de cada uno de estos modernos dispositivos.

Televisión

Características

Medio altamente difundido en cualquier lugar, accesible a todo público, en la actualidad.

Recuerdo que hace muchos años trabajé en el Ministerio de Educación en el Área de Educación Alternativa; en las zonas rurales se utilizaban televisores que tenían CD o DVD para mostrar a los alumnos adelantos tecnológicos y para utilizar enciclopedias; combinando este recurso con la educación que impartían los maestros en dichas áreas, que contaban con energía eléctrica durante algunas horas. En ese entonces ni siquiera existía Internet, ni satélites que enviaran señales como las que actualmente tenemos en diferentes zonas rurales en Bolivia.

Ventajas

Puede llevar la educación a lugares apartados y facilitar charlas sobre temas especializados –dicho sistema debe estar en constante actualización de sus contenidos para ser presentado a los estudiantes–; sus costos de uso y mantenimiento son bajos. Si aún se cuenta con los televisores y los CD o DVD, el Ministerio debería actualizar su uso tanto en la educación primaria como secundaria.

Desventajas

Este sistema no respeta las características y necesidades individuales de cada estudiante; puede implicar resistencia al cambio en el modo de enseñanza por parte del maestro; no existe interacción docente-estudiante, llegando a ser el estudiante sólo receptor de la información, tributando esto a la no aplicabilidad de la enseñanza.

Salinas; Jesús (2000a), citado en Cabero Almenara (Julio, 2007), menciona un esquema de educación televisiva: Pre-teledifusión, teledifusión, evaluación y actividades de extensión; orientadas a acciones de política global y planificada, política integral, colectivos de padres y alumnos, medios de comunicación social, centros escolares y de profesiones y responsabilidad social.

Telefonía celular

Características

En Bolivia, según estadísticas del INE, hay 10.027.643 habitantes, y de acuerdo a m.la-razon.com, existen 9,6 millones de líneas de telefonía celular activas, por lo que podemos asumir que casi toda la población cuenta con un dispositivo de telefonía celular. Son los jóvenes los que están más en contacto con esta tecnología; ni bueno ni malo resulta considerar que ésta sería una buena herramienta en clases para que en algunos momentos podamos hacer uso de ella; por ejemplo para generar y descubrir destrezas y habilidades en el sentido de que tanto docentes como alumnos estemos en las mismas condiciones de saberes, porque es muy fácil enseñar y hacer entender a personas que no tienen o tienen poco conocimiento sobre la materia, y qué mejor desafío que encontrarnos con estudiantes competitivos, preparados, dispuestos a aprender cada día más, haciendo que nosotros obtengamos conocimiento gracias a ellos.

Ventajas

Mediante este sistema los estudiantes se transforman en co-participantes de los contenidos de la materia; puede utilizarse en cualquier parte; permite descargar material de apoyo que el docente pudiera solicitar para ampliar no solamente la lectura sobre el tema a tratar, sino que el estudiante pudiera descubrir muchos más conceptos y lograr en el aula un intercambio de ideas, actitudes y conocimientos; una mejor retroalimentación.

Desventajas

Los costos de Internet aún son altos y por lo tanto no son accesibles a ciertos sectores y menos aún a los estudiantes, quienes muchas veces tienen que trabajar para pagar sus estudios superiores.

Multimedia

Características

Esta tecnología combina imágenes, textos, fotografías, video, sonido; por lo tanto, al requerir el uso simultáneo de varios sentidos, intensifican y mejoran la transmisión de información a los usuarios. Cuán afortunados somos por haber nacido en esta era donde se dieron tantos cambios. Esta herramienta fabulosa hace que los estudiantes no sólo sean más despiertos, activos, sino que estimula su imaginación capaz de vencer cualquier obstáculo. Recuerdo que en mi adolescencia, cuando vine a la ciudad para estudiar cursos superiores, debíamos concurrir a las bibliotecas municipales para obtener información sobre cualquier investigación que los profesores nos mandaban hacer; esto no sólo era un gasto económico para nuestros padres, sino que también implicaba una gran inversión de tiempo, debido al deficiente medio de transporte que utilizábamos para trasladarnos hasta el centro de la ciudad y a que debíamos realizar trámites por demás engorrosos, como conseguir el carnet de lector, en el que tenían que estar registrados los nombres de los papás, abuelitos, etc., para cuidar el material existente.

Ventajas

Genera interactividad, comunicación recíproca, rapidez y sencillez de manejo para los estudiantes; la información es fácilmente actualizable porque contamos con páginas web autorizadas con investigaciones de los últimos años, y si conocemos otros idiomas encontraríamos información relevante producida este año, en los últimos meses, incluso días; lo que exige estar constantemente revisando y aprendiendo los últimos adelantos investigativos, científicos y tecnológicos para no quedarnos atrás totalmente desinformados.

Desventajas

No pueden usarse en cualquier momento; para realizar presentaciones se debe planear y preparar el material antes de presentarlo al público objetivo, es ahí donde utilizamos nuestras habilidades duras y blandas para motivar y comunicar al estudiante toda la información necesaria.

Internet

Características

Es el medio tecnológico más usado en la actualidad, cuenta con millones de páginas y usuarios en igualdad de condiciones en todo el mundo, quienes pueden acceder, consultar y publicar artículos, monografías, investigaciones e ideas de toda índole. Debemos tener cuidado de que la información sea veraz y fidedigna, además de respaldada científicamente con estudios realizados por expertos.

Ventajas

Su alcance es ilimitado, concurren varias personas simultáneamente y enriquece la experiencia educativa. Haciendo un buen uso de ella, esta herramienta:

- Permite procesos de socialización como *chats*, juegos en red, redes sociales; pueden integrarse grupos donde se comunican y comparten inquietudes, conocimientos y aficiones.

- Es una excelente herramienta para el acceso a la ciencia y la cultura, favoreciendo la educación fuera y dentro del ámbito de las aulas.

- Ayuda a la realización de tareas escolares y trabajos personales, potenciando capacidades de búsqueda y análisis de forma individual. También permite realizar tareas de grupo, vía *on line*, entre docentes y estudiantes.

- Facilita a los padres realizar un seguimiento del proceso enseñanza-aprendizaje, haciéndolo más rápido y eficaz.

- Las estadísticas muestran buenos resultados académicos.

Desventajas

La información puede no ser confiable, obsoleta, no actualizada, falsa, no fidedigna; por lo cual es importante que los colegios y universidades autoricen páginas. Como sucede en la Universidad de Los Andes en la ciudad de La Paz, que coordina con el Ministerio de Educación.

Teleconferencias y videoconferencias

Características

Comunicación simultánea y sincronizada en tiempo real, entre personas ubicadas en diferentes lugares, vía audio y/o video.

Ventajas

Es utilizada por expertos; y facilita la multiculturalidad y la motivación de los alumnos; es una herramienta constructiva que permite mayor retención de los conocimientos y ayuda a mejorar habilidades y destrezas de los estudiantes; actualmente es una de las herramientas más utilizada para la educación y formación a distancia; amplía la perspectiva en la enseñanza, debido a que a través de ella se puede acceder a especialistas en materias específicas en cualquier lugar del mundo.

Desventajas

Los equipos y líneas usadas pueden ser costosos; los sistemas pueden no compatibles; puede presentarse falta de pericia en el uso de estos medios por parte del docente; pudiera ser inaccesibles en un aula convencional (dependiendo de la Institución); debe ser cuidadosamente planificada.

Plataformas LMS (Learning Management System)

Características

Combina la eficacia y la eficiencia de la clase presencial con la flexibilidad del e-learning (es un campus virtual); un ejemplo es la Academia de Coaching y Capacitación Americana, que tiene mucha experiencia al respecto; en la actualidad su uso se extendió en todo el mundo. Fueron creadas para facilitar la enseñanza y la experiencia del aprendizaje. A través de esta genial herramienta los docentes tenemos mayor posibilidad de potenciar nuestros conocimientos vía on line, donde el experto en la materia puede responder consultas, resolver dudas y lograr una mayor interacción entre los participantes, revolucionando la forma de enseñar.

Ventajas

Los estudiantes pueden formar parte activa de sus propios procesos de aprendizaje, considerando los más convenientes y apropiados para su situación personal. Las páginas autorizadas brindan:

- Capacitación flexible y económica.
- El privilegio de Internet combinado con herramientas de última tecnología.
- Reducción de distancias geográficas y temporales.

- Un aprendizaje constante y nutritivo entre docentes y estudiantes.

- Libertad en cuanto al tiempo y ritmo de aprendizaje.

Se deben establecer demandas educativas y estilos de aprendizaje donde la formación garantice la satisfacción de necesidades.

Estas herramientas electrónicas ayudan a los docentes a emprender el proceso educativo y los obliga a ofrecer apoyo y seguimiento constante para evaluar la efectividad del desarrollo.

<u>Desventajas</u>

Pudieran no existir en la Institución recursos económicos y/o la infraestructura adecuada para implementarlas.

No solamente en mi país, Bolivia, sino en toda Latinoamérica, los investigadores docentes debieran poder realizar aportes a las leyes de educación –Ley 070, "Avelino Siñani-Elizardo Perez", en el caso específico de Bolivia–. Esta ley debe estar en constante actualización, dado el tiempo que tiene de estar en vigencia (siete años); considerando las nuevas tecnologías utilizadas en todo el mundo y nuevas ciencias tales como la Neurociencia y la Neuroeducación, y por qué no, lo que personalmente denomino *"salto cuántico educativo"*. Los docente con más experiencia y los que estamos incursionando con estas nuevas técnicas en educación e investigación educacional, pudiéramos presentar aportes y sugerencias ante las instancias correspondientes, que bien pudieran a partir de allí elaborar proyectos para generar los cambios que beneficien a la educación boliviana de una manera moderna y globalizada, considerando más que todo los avances tecnológicos antes citados para lograr una mejor educación para las nuevas generaciones Estos cambios no dependen de las instituciones, docentes, estudiantes, familias, sino de un ente *regulador*: el Ministerio de Educación.

Las curriculas educativas en algunos casos pueden considerarse obsoletas y pueden contener información errónea y desactualizada. Es importante hablar de las nuevas tendencias, como la *"biología de la educación"*. Francisco Mora, en su libro *Neuroeducación*, aunque considera que todavía es algo prematuro, de acuerdo a los grandes descubrimientos actuales, indica que desde ya debemos considerar una revisión y adelantarnos en el tiempo a las nuevas tecnologías, los nuevos aprendizajes y su desarrollo, y formar profesionales de acuerdo a las necesidades de un mercado que busca personas creativas y con habilidades blandas y duras, conscientes de cómo incide en el modelo que se esté construyendo que en la didáctica de la biología de la educación se atienda el proceso de formación de sentimientos, valores y actitudes de manera totalmente formativa y potenciando la formación de convicción, sentimientos, valores y actitudes positivas en el proceso de la *educación ambiental* –lamentablemente el mundo se nos muere poco a poco y debemos reflexionar sobre qué dejaremos a las próximas generaciones. Ahora es importante asumir este compromiso y responsabilidad social.

¿Podríamos considerar un Salto Cuántico Educativo?

*Locura es hacer lo mismo una vez tras otra
y esperar resultados diferentes.*

Albert Einstein

Escuché la expresión Salto Cuántico en una de las conferencias de Jürguen Klarić y me pregunté qué significaba. Investigué en el internet su concepto, quienes lo habían descubierto y cuáles eran los últimos descubrimientos. Después de realizar el curso de Lectura de Alto Rendimiento con la doctora Nora Beltrán en Santiago de Chile y haber leído diecisiete libros en dos días con una capacidad de comprensión promedio de 80%, quedé maravillada de mis capacidades y pensé: *"Puedo lograr lo que decida hacer".*

Aproximadamente a finales de 2016 empezó a nacer el presente trabajo para ser presentado ante la Academia de Coaching y Capacitación Americana (ACCA) y titularme como Coach Mentor a través de su filial Coaching Consulting Group en Bolivia. Luego me informaron que no era requisito realizar un trabajo para obtener el título de Coach Mentor de la ACCA y que debería realizar una última entrevista con el presidente de la ACCA –para ser franca, no me fue bien en dicha entrevista; estaba ante el presidente y dueño de una Institución tan importante a nivel mundial, como el doctor Jeff García, y pues entré en pánico escénico, me quedé petrificada; me había preparado para defender este proyecto y me equivoqué en lo más básico, en la pregunta más sencilla–.

En la última reunión que se realizó en la ciudad de Miami, a la que fui invitada, y en presencia de todos los mentores con prestigio y mucha experiencia, participé un minuto sacando a flote la expresión Salto Cuántico. Llegando a Bolivia pensé: "¿por qué no incluir el concepto en este trabajo y realizar una analogía y concatenar mis conocimientos de educación, coaching, PNL, oratoria, lectura de alto rendimiento y docencia para lograr que los estudiantes tengan un mayor beneficio y rendimiento en el aprendizaje; que éste no sea sólo acumulación de información, sino que les permita redescubrir sus potencialidades, su autoconocimiento. Decidí llevarlo todo a la práctica, placer y a la acción, utilizando lo que aprendí, con el objetivo de lograr un neuroaprendizaje de alto rendimiento, donde los estudiantes descubran el mundo maravilloso de lo que tienen acumulado en su cerebro y puedan lograr lo que yo denomino las *4 R* (*Reiniciarse, Reinventarse, Renovarse y Realizarse*); y de acuerdo a ese inmenso back up con que cuentan, puedan reencontrarse con su esencia y su neurointeligencia, muchas veces fueron coartadas durante la niñez y la juventud.

No soy la única ni la primera persona en pensar realizar un salto cuántico que involucre coaching, educación y aprendizaje. Buscando en Internet más información para sustentar mi idea, encontré algo fabuloso, emocionante y genial: un documental llamado 23 maestros, de corazón. salto cuántico en la enseñanza de Carlos González profesor de física y matemáticas en España; recomiendo con mucho entusiasmo.

Teniendo conocimiento sobre el enigma cuántico que juega un rol fundamental, junto con nuestras emociones, nuestro SER y por supuesto aplicando la cuántica –según los científicos, todos los seres humanos estamos compuestos de miles de trillones de átomos, estamos hechos de cargas supereléctricas, energía, calor...– podremos darnos cuenta de que llevamos dentro mucha sabiduría y descubrir nuestra galaxia interior.

Actualmente no existe un concepto de Salto Cuántico Educativo; es más una postura y sueño personal de que la educación actual realice un salto cuántico, si es que queremos que niños adolescentes y adultos sigan concurriendo a las aulas con entusiasmo, emoción y felicidad; y que ir a estudiar no signifique sufrimiento, como lamentablemente ocurre a muchos docentes y estudiantes.

¿Qué es un salto cuántico en la Física?

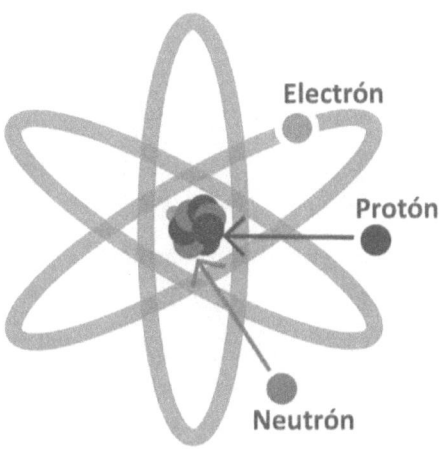

El término Salto Cuántico se aplica al cambio de estado de un electrón, que pasa de un nivel de energía menor a otra mayor (estado excitado) de modo instantáneo (*transición electrónica*), siendo causa de *radiación electromagnética*. Cuando un electrón acumula suficiente energía desaparece de la órbita en que giraba para aparecer en una superior. Los científicos creen que si estos saltos son posibles a nivel subatómicos, también pudieran ser visibles en nuestra cotidianidad si supiéramos cómo generarlos; los científicos dan a entender que tomando conciencia para acumular la energía requerida podríamos dar el *Salto Cuántico Educativo*.

¿Como sería el Salto Cuántico Educativo?

Pensemos un momento que no existen barreras dentro nuestro SER y volvamos a ser niños; en esta etapa soñamos, todo nos parece diferente, colorido, fenomenal, así como un arcoíris con el que nos entremos. Pensemos entonces que el electrón en este caso es uno de nuestros estudiantes, quienes son tan increíbles y asombrosos; la energía que tiene en primera instancia, cuando apenas lo conocemos, es una *energía menor*, y que a medida que lo motivemos, que generemos entornos propicios para su desarrollo personal, su cognición, su conducta; estimulándolo, dándole libertad en su desempeño y su fantasía, pasará a otra *energía mayor* (*nivel de excitación*) de manera instantánea. Cuando un niño o adolescente ve algo que para los adultos es irrelevante, para él puede ser fantástico, excepcional, único —como si descubriera la pólvora—, ¿por qué?, porque simplemente está cambiando sus rutas neuronales para lograr llegar a su objetivo o meta. Continuemos con nuestra idealización y comparación con la física: a estos cambios de ruta los científicos los llaman *transiciones electrónicas*, nosotros en este momento los llamaremos *transiciones de conocimientos nuevos eléctricos*, debido a que como seres humanos somos como galaxias llenas de energía, de electricidad dentro de nuestros cuerpos, para realizar cualquier función física o mental, atrayendo hacia nosotros lo que pensamos y causando lo que los científicos llaman *radiación electromagnética*; es decir, todo lo que pensamos lo atraemos hacia nosotros, esto enseña la Programación Neurolingüística (PNL). Según la doctora Nora Beltrán, PNL es la suma de la *Programación* de los "sistemas operativos" las estrategias de pensamiento (*Neuro*) —esta Programación tiene que ver con todos los procesos neuronales—, y por último está la *Lingüística*, que se refiere a los procesos del habla, del lenguaje, y que también tienen que ver con los procesos neuronales. Siendo niños, creemos que todo lo que nuestros sentidos captan es cierto. Continuemos: cuando un *electrón* (estudiante) acumula suficiente energía desaparece de la órbita en que giraba para aparecer en una superior, a esto yo lo llamaría "*Aprendizaje, proceso de entrenamiento individual, crecimiento interior, auto-descubrimiento de potencialidades, autodescubrimiento del Ser utilizando nuevas rutas neuronales que puedan modelar de forma diferente a las personas para ayudarlas a lograr metas personales significativas*".

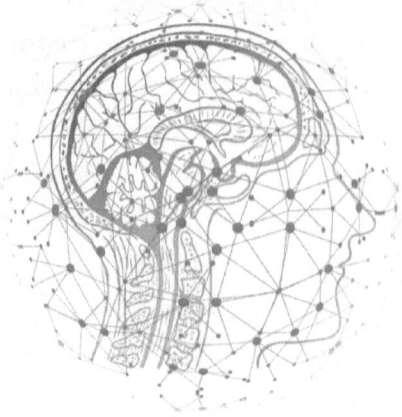

Este nuevo paradigma pretende que cerremos los ojos para poder ver; nos enseña que somos ciento por ciento responsables de la realidad que vivimos; a su vez nos devuelve el poder de generar cambios de excelencia reprogramando patrones conscientes e inconscientes a través del lenguaje del pensamiento, para lograr cambios a corto, mediano y largo plazo.

MÓDULO 2

COACHING EN EDUCACIÓN

Ana María Villalpando

La Coherencia del Ser

Como hemos analizado hasta ahora, son varios los elementos que influyen en el aprendizaje; entre estos contamos con elementos cognitivos, sociales, históricos, etc. Una vez que hemos comprendido que todos esos elementos influyen en la manera en que educamos, es momento de introducir los elementos de cuerpo, emoción y lenguaje como otras fuentes que impactan de manera importante en el aprendizaje.

Ser físico y Ser emocional

La diversidad de elementos que influyen en la manera en que se logra el aprendizaje; se ha hecho muy poca referencia a un elemento de suma importancia como el factor emocional que impacta fuertemente no sólo en el aprendizaje de un individuo, sino también a lo largo de toda su vida.

Para introducir el concepto de las emociones, utilizaremos la perspectiva utilizada en el libro *Modelo de Coaching integrativo,* que clasifica seis emociones básicas de los seres humanos: Alegría, Ternura, Erotismo, Miedo, Ira y Tristeza. Cabe destacar que se utilizará esta definición para ejemplificar de mejor manera el impacto que tiene el patrón emocional en el comportamiento humano, asumiendo que ésta es una presentación resumida de la diversidad de emociones que puede experimentar el ser humano. Algunos autores han definido un mayor número de tipos de emociones, entre las que podemos encontrar: Interés, Excitación, Sorpresa, Cólera, Disgusto, Desprecio, Vergüenza y Culpa. "Las combinaciones entre todas ellas darían lugar al gran abanico de posibles experiencias emocionales. Todo ello matizado por las diferencias culturales, de personalidad, incluso de lenguaje o el idioma con el que se expresan" (Farré, Gómez, Salvador-Carulla, 2015; p. 118).

Lo interesante del enfoque referido es que entrega una valiosa información respecto a cómo poder reconocer una emoción, ya que plantea que cada emoción es acompañada por cierto patrón de comportamiento que la clasificarla en relación con la tensión corporal (que va desde el estado de relajación hasta el de tensión) y la distancia con los otros (desde alejamiento hasta el acercamiento). Lo anterior indica que al observar la tensión corporal y la disposición geográfica de un individuo, podemos lograr detectar de mejor manera qué tipo de emoción experimenta. La siguiente figura planteada por los autores, nos muestra este concepto:

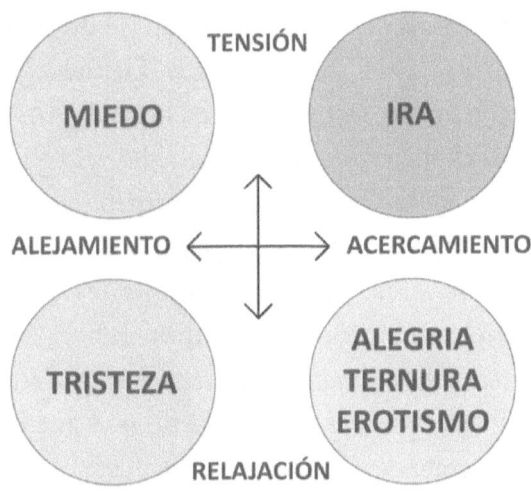

Modelo de coaching integrativo

Para ejemplificar la figura expuesta, tomaremos la emoción de la ira. Cuando estamos en estados de ira tenemos la tendencia a acercarnos al objeto que nos provoca esa ira, al punto de querer incluso golpearlo, por lo que se produce un acercamiento y nuestro cuerpo lo siente, tensionando cada uno de sus músculos y disponiéndonos al ataque.

La expresión facial también es una fuente de acceso a las emociones, "analizando la micromusculatura de la cara: cejas arqueadas, fruncir de labios, arrugas de las órbitas oculares o de la mandíbula hacia fuera permiten discernir el tipo de emoción que se quieren expresar" (Farré, Gómez, Salvador-Carulla, 2015; p. 120). Esto significa que los comportamientos que tengamos, en nuestra postura corporal, disposición a la acción, etc., van a darnos señales del estado emocional en que nos encontramos.

La importancia de las emociones en la educación ha sido expuesta por diversos libros y estudios. Daniel Goleman, en su libro Triple Focus, se refiere a una clase de *Alfabetización emocional*, al señalar una especie de ritual diario que se realiza en una escuela New Haven, donde el profesor le pedía a cada alumno compartir con el resto cómo se sentía y por qué, indicando además que "nombrar emociones con precisión ayuda a los niños y jóvenes a tener más claro qué les ocurre, algo esencial para tomar decisiones lúcidas y gestionar emociones a lo largo de la vida. Hacerlo mal puede apartar a los niños y jóvenes del buen camino" (Goleman y Senge, 2016; p. 19). De esta forma, el capacitarnos en la gestión de nuestras emociones se transforma en un valioso recurso que podemos utilizar a lo largo de nuestra vida. Rafael Bisquera, que fue vicepresidente de la Fundación para la Educación Emocional en España, define la educación emocional como "un proceso continuo y permanente que pretende potenciar el desarrollo de las competencias emocionales como elemento esencial para el desarrollo humano, con objeto de capacitarle para la vida y con la finalidad de aumentar el bienestar personal y social".

La importancia de esto radica en que si nuestras emociones están ligadas a nuestro comportamiento, sería prudente preguntarnos si los comportamientos a los que está asociada determinada emoción resultan útiles para el logro de los objetivos. En este sentido, Rafael Echeverría sostiene que "dependiendo del estado de ánimo en que nos encontremos, ciertas acciones son posibles y otras no —algunas posibilidades están abiertas y otras están cerradas—" (Echeverria, 2010; p. 268). Fomentar una educación emocional que desarrolle la habilidad para gestionarnos espacios que nos abran un mayor número de posibilidades, como la automotivación, la actitud positiva y la resiliencia, ayudará a los estudiantes a aprender mejor y a conectarse con sus motivaciones.

Quizás una de las formas más fáciles para acceder a una emocionalidad que abra posibilidades, es hacerlo a través del cuerpo, "…cambiar el cuerpo es la forma más sencilla para iniciar una predisposición al cambio mental. No podemos olvidar la importancia de nuestra comunicación no verbal – el gesto, la posición corporal…–, que representa el mayor porcentaje del lenguaje y del componente verbal de cómo decimos las cosas" (Casafont, 2014; p. 153).

Ya analizamos cómo ciertos patrones corporales se corresponden con diversas emociones, lo interesante de esto es que esos gestos o posturas corporales provocan a su vez respuestas fisiológicas, "estos cambios musculares provocan respuestas fisiológicas (taquicardia, sequedad de boca, manos sudorosas, etc.) que pueden llegar a dar credibilidad a la emoción que queremos expresar y, lo que es más importante, que nos provoquen un enojo real o una alegría relativamente intensa" (Farré, Gómez, Salvador-Carulla, 2015; p. 120). Hay muchos estudios que muestran cómo un cambio en la postura corporal puede generar un cambio en el estado de ánimo; por ejemplo, podemos citar el libro La ontología del lenguaje, cuando indica: "Cuando se les solicitaba a los sujetos de su experimento que sonrieran (...) se producía la mencionada activación en la corteza cerebral y generaba la sensación de la alegría" (Echeverria, 2010; p. 276).

Otro factor muy importante que no ha sido mencionado hasta el momento es la respiración. Si bien muchas veces no nos percatamos de la forma en que estamos respirando, ésta, al igual que cuando nos referimos a las posturas corporales, tiene un patrón dependiendo de la emoción que experimentemos; así podemos determinar que podemos respirar por la nariz o la boca, de una forma rápida o pausada, haciendo largas inhalaciones o cortas, "un cambio en el patrón respiratorio incide en estos aspectos y se genera una especie de retroalimentación que permite gestionar e inducir estados que podamos desear como personas" (Sharon y Vidal, 2015).

Al comprender estos aspectos podemos gestionar nuestros estados emocionales de manera que puedan beneficiar nuestras vidas y abrirnos nuevas posibilidades.

Hasta ahora hemos tratado de hacer más consciente la forma en que expresamos las emociones que nos llevan a ciertos comportamientos, al observar nuestro cuerpo, respiración, gestos faciales, etc. Sin embargo, lo primero que usualmente hacemos para comunicar lo que sentimos es hablar, utilizar el lenguaje.

De cierta forma se podría interpretar que el lenguaje está describiendo no sólo lo que pasa en el mundo, sino también lo que pasa en nuestro interior; sin embargo, la filosofía del lenguaje plantea que éste no sólo tiene el rol de describir, sino que también es acción; es decir, "cuando hablamos no solamente describimos una realidad existente; también actuamos (...) Cuando decimos a alguien 'te felicito', no estamos describiendo una felicitación, estamos realmente haciéndola" (Echeverria, 2010; p. 70). En el libro *La ontología del lenguaje*, Rafael Echeverría se refiere a John R. Searle, quien propuso que cuando hablamos, independientemente del idioma que usemos, siempre ejecutamos el mismo número de actos lingüísticos. A partir de esta propuesta, la ontología del lenguaje presenta actos lingüísticos que serán brevemente descritos a continuación:

Afirmaciones

Se puede decir que las afirmaciones corresponden al mundo de los hechos, o de lo que puede describirse con el lenguaje, por ejemplo: "Hoy está lloviendo", "La mesa es color café". La afirmación puede ser verdadera o falsa.

Declaraciones

Provocan un cambio en el mundo y generan uno nuevo, por ejemplos: la declaración de Independencia, cuando un cura declara marido y mujer a una pareja (el mismo hecho de aceptar), cuando un árbitro indica que lo que vio es penal. Todas estas acciones marcan un cambio en el acontecer de quienes participando en ellas.

Promesas

Es un compromiso que se realiza ante la aceptación de un pedido o una oferta. "Cuando me comprometo a cumplir una promesa me estoy comprometiendo también a tener la competencia para cumplir con las condiciones de satisfacción estipuladas" (Echeverria, 2010; p. 101).

Juicios

Las afirmaciones cumplen un rol de describir hechos, sin embargo no es lo mismo decir "Paulina reprobó un ramo" que decir "Paulina es una mala estudiante". En este segundo caso, estamos realizando un juicio de valor, no estamos describiendo un hecho. "Reconocemos así que la segunda representa una opinión y que, en materia de opiniones, a diferencia de lo que ocurre con los hechos, no cabe esperar el mismo grado de concordancia" (Echeverria, 2010; p. 103). Sería importante analizar cuánto de lo que afirmamos se basa realmente en hechos y cuáles corresponden con juicios; sin embargo, antes de continuar con este tema, es importante recordar lo que corresponde con la "realidad" cuando describimos el mundo.

La realidad y el observador

En este punto surge la necesidad de clarificar a qué nos referimos cuando hablamos de describir el mundo. La primera pregunta sería: ¿podemos describir el mundo tal como es? Si bien esta pregunta puede remontarnos a muchas reflexiones filosóficas y tratados filosóficos y de biología, para nuestros efectos tomaremos las palabras de la doctora Rosa Casafont, quien indica que "...lo que cada uno percibe del mundo que nos rodea se construye a través de la información que nos aportan los sentidos y nuestra realidad sensorial se procesa en las estructuras a partir de códigos funcionales heredados", lo que nos indica por un lado que sólo percibimos lo que nuestra biología nos permite percibir y procesar, mientras que por otro lado tenemos el componente del que hablamos en el módulo anterior : que cada individuo está de cierta manera estructurado en un marco histórico y social que impacta en su forma de percibir el entorno.

Lo que nos permite compartir una realidad, es el hecho de que como observadores compartimos ciertas distinciones dadas por nuestra biología, historia, cultura, etc. Rafael Echeverría sostiene que las distinciones son lo que nos permite observar el mundo; es decir, "… sin la distinción 'mesa', no puedo observar una mesa. Puedo ver diferencias en color, forma, textura, etcétera, pero no una mesa. Los esquimales pueden observar más distinciones de blanco que nosotros. La diferencia que tenemos con ellos no es biológica. Nuestras tradiciones de distinciones son diferentes" (Echeverria, 2010; p. 72). La importancia de comprender esto radica en que los significados que le atribuimos a los sucesos y la forma en que reaccionamos son aprendidos, lo que quiere decir que podemos darle un significado distinto a una experiencia de modo que abra nuestras posibilidades y perspectivas. En este sentido el coaching integrativo nos aporta herramientas de reencuadre que serán vistas con detalle más adelante en este módulo.

Ahora bien, si lo que llamamos *realidad* es simplemente una parte del mundo real que integramos a través de nuestros sentidos y las distinciones que poseemos de acuerdo a nuestra historia y otros factores que hemos mencionado, nuestro proceder pareciera ser guiado desde lo profundo por nuestra historia y biología, que desencadenan una serie de reacciones en nuestro cerebro que dirige nuestras impresiones y reacciones. Cabe entonces preguntarnos ¿qué tan libres somos realmente? Es decir, ¿tomamos nuestras decisiones desde la razón? Son numerosos los estudios al respecto y en la actualidad son las emociones las que le van ganando a la razón, nuestras decisiones son puramente emocionales o están influidas por la emoción, pero nunca decidimos exclusivamente con la razón, en situaciones sociales más complejas utilizamos la razón, pero siempre acompañadas de la emoción.

Otro elemento que está en juego en este análisis es la capacidad de la mente para estar concentrada en lo que nosotros le ordenemos. Podemos ver esta capacidad al intentar un simple ejercicio, como mantener los ojos cerrados por tres minutos sin pensar en nada y concentrándonos solamente en nuestra respiración; ésta divagará en algún momento o quizás durante todo el ejercicio. Esto es lo que propone la psicóloga Jenny Moix (2018; p. 248), al decir que la mente es como un mono que va de un lado a otro, divagando, "… incluso cuando leemos y queremos centrar nuestra atención divagamos de un 20% a un 40% del tiempo" (Farré, Gómez, Salvador-Carulla, 2015; p. 168), además se refiere a un experimento realizado por Fritz Strack y Ronald Deutsch sobre dos tendencias opuestas de nuestro cerebro: el sistema impulsivo y el sistema reflexivo. "El sistema impulsivo funciona dirigido por los placeres inmediatos: el dulce placer del chocolate, el descanso (...) Esta parte de nuestro Yo no piensa, va a gratificarse directamente, no le importa qué pasará con nuestro cuerpo a largo plazo. Es inconsciente, emocional, es nuestro mono. Su oponente, el sistema reflexivo, nos avisa qué puede suceder (...) La razón es la que habita en este segundo sistema" (Farré, Gómez,

Salvador-Carulla, 2015; p. 172). Un ejemplo de cómo actúan estos dos sistemas puede ser visto en un experimento realizado en 1970 por Walter Mischel, de la Universidad de Stanford, aplicado a un grupo de niños de un jardín; el experimento es llamado "Test del malvavisco". En este experimento se le pide a un grupo de niños de 4 años que decidan si comen inmediatamente un malvavisco que está al frente de ellos o si esperan un rato, y de elegir la última opción serán recompensados con otro malvavisco. Los resultados que se observaron catorce años después al entrevistar a esos mismos niños fue que "los que habían tenido paciencia todavía eran capaces de centrarse en sus objetivos, inhibir distracciones y controlar asimismo impulsos perjudiciales. Sin embargo, los que a los 4 años no habían aguardado al segundo malvavisco, ya con 18 años seguían teniendo problemas para demorar la gratificación en la búsqueda de sus objetivos" (Goleman y Senge, 2016; p. 26).

La ciencia moderna nos ha permitido, mediante imágenes cerebrales, poder comprender lo que ocurre en ambos grupos de personas del experimento del malvavisco, mostrando diferencias funcionales en los cerebros de esas personas, así "la Neurociencia interpreta hoy en día el experimento de la golosina como una lucha entre dos neurotransmisores, la dopamina y la serotonina (...) La dopamina estimula respuestas compulsivas y favorece la perseverancia, al contrario la serotonina media la acción sobre la corteza prefrontal y controla las emociones, los estados de ánimo y la voluntad" (Farré, Gómez, Salvador-Carulla, 2015; p. 70), si bien en este caso la serotonina estaría favoreciendo el autocontrol y la voluntad, sus efectos no son a tan largo plazo, por eso "un estudiante que oye desde su lugar de estudio una fiesta cercana, o una conversación animada, difícilmente puede rechazar unirse a ella simplemente pensando que a muy largo plazo el estudio tendrá la recompensa de conseguir un título y un trabajo mejor (...) Pero sin duda un buen funcionamiento del sistema serotoninérgico es necesario para templar la voluntad y no tomar sistemáticamente decisiones de recompensa inmediata" (Farré, Gómez, Salvador-Carulla, 2015; p. 72).

Podría parece un poco desalentador que nuestra voluntad sea influenciada por elementos que no podemos controlar, como los neurotransmisores; sin embargo, ciertos hábitos de nuestra vida pueden afectar la liberación de neurotransmisores, como tener pensamientos positivos que liberan la producción de serotonina. Por lo que nuevamente volvemos al control del mono al que se refería Moix.

Conciencia de uno mismo

Integrar el cuerpo, las emociones y el lenguaje como fenómenos interconectados y en coherencia entre sí, nos orienta en la conciencia de nosotros mismos. El ser conscientes de nuestra experiencia y de la forma en que podemos impactar en ella, nos abre un mundo nuevo de posibilidades en la medida que podamos hacernos cargo en la gestión de este autoconocimiento. Mientras más comprendamos cómo funcionamos como seres humanos, más capaces seremos de orientar nuestras acciones en el cumplimiento de nuestras metas; introducir esta habilidad en la educación generará beneficios en el aprendizaje.

Daniel Goleman en su libro *Triple Focus*, se refiere a la habilidad para alcanzar el éxito en el cumplimiento de nuestras metas y lo denomina "control cognitivo", que en cierto modo es la habilidad de centrar nuestra atención en las metas, teniendo mayor resistencia a las distracciones y paciencia en la obtención de la gratificación. Goleman indica que "... para cultivar el control cognitivo existen distintos medios. En la actualidad hay muchas escuelas innovadoras donde los niños y jóvenes aprenden similares métodos de entrenamiento de la atención. Las investigaciones ponen de manifiesto beneficios como más concentración y más resistencia a las distracciones, así como menos ansiedad. (Goleman y Senge, 2016; p. 29).

Lo importante del autoconocimiento es reconocer que tenemos cierta intervención en las funciones corporales. Sin embargo éstas están ahí por algo; no podemos, por ejemplo, estar concentrados el 100% del tiempo, nuestro cerebro requiere mucha energía para eso, además en el divagar es donde se activa la creatividad; tampoco esperamos eliminar la ansiedad, ya que ésta ayuda a adaptarnos mejor al medio; es más, "cierto nivel de ansiedad provoca beneficios y mejora el rendimiento, pero si la ansiedad aumenta mucho nos perjudica y disminuye nuestra eficacia. El miedo que siente el estudiante ante los exámenes puede llegar a ser tan superlativo que bloquea su rendimiento dejando su mente en blanco, es la llamada "ley de Yerkes-Dodson" (Farré, Gómez, Salvador-Carulla, 2015; p. 139).

La imagen que se presenta a continuación ofrece más claridad sobre dicha ley:

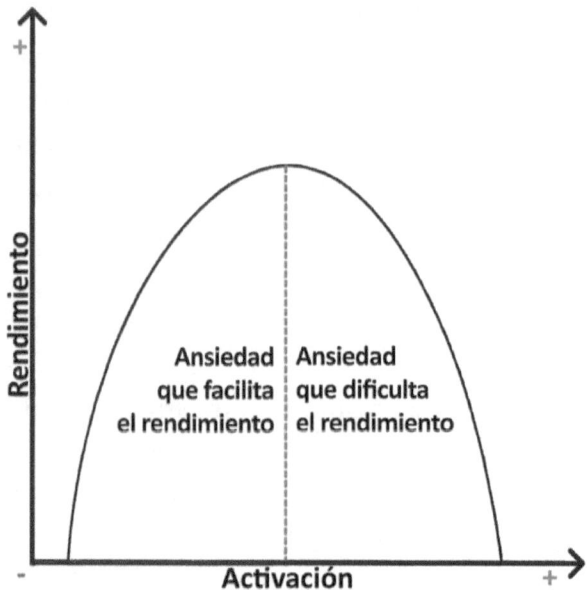

El rendimiento se optimiza a medida que aumenta la ansiedad, hasta llegar a un punto máximo, a partir del cual un incremento o activación exagerada coloca al organismo en el umbral del fracaso adaptativo.

Curva de rendimiento. Adaptación realizada a la campana de Gauss

Seres sociales

El ser humano puede ser consciente de sí mismo y también de su entorno. Ya es sabido que somos seres emocionales, pero también somos seres sociales, "… para los seres humanos la supervivencia depende, en gran medida, de un funcionamiento social efectivo. Las habilidades sociales facilitan nuestro sustento y protección" (Manes, 2014; p. 211). Imaginemos por un momento la serie de mecanismos que deben activarse en nuestro cerebro ante una interacción social; recordar quienes son nuestros amigos, poder detectar la intensión que tienen, comprender sus estados emocionales, poder influenciar en ellos, convencerlos, aprender, etc. Todo esto genera una serie de destrezas sociales que ciertamente repercuten de manera positiva en nuestras vidas, y si bien son varias las habilidades que requiere el ser humano en el dominio social, para efecto de este trabajo nos referiremos a dos distinciones esenciales: las neuronas espejo y la empatía.

Coaching en acción

Mediante la evaluación de una encuesta, explicaremos los alcances del coaching aplicado a la educación. La encuesta fue realizada a un curso universitario en la ciudad de La Paz y fue realizado en el segundo semestre de 2016. Sin embargo, antes de entrar de lleno a los resultados de la encuesta, dado que el coaching está comenzando a ser utilizado en casi todas las esferas sociales desde hace sólo un tiempo, lo definiremos brevemente para clarificar de mejor forma este concepto.

La palabra coaching es originaria del húngaro y se refería a una clase de carruaje utilizado durante los siglos XV y XVI en la ciudad de Kocs; el termino kocsi pasó posteriormente al inglés y al español como coach o coche, respectivamente. Es interesante remitirnos a los orígenes de esta palabra ya que el coaching es en esencia un medio de que nos lleva, nos transporta, de un lugar inicial a un destino o meta. Para lograr su cometido el coaching se alimentan de diversas disciplinas, "toma elementos de distintas tendencias de la psicología, fundamentalmente de la mirada humanista; también de la filosofía del lenguaje y es actualizado por los avances en neurociencias, incluso, por lo sistémico, lo holístico y lo transpersonal, generando diversas miradas epistemológicas desde el coaching y fundando diferentes corrientes y métodos de aplicación al interior de una misma disciplina" (Sharon y Vidal; 2015), para continuar ahondando en este tema se presentarán los beneficios obtenidos mediante el coaching en la evaluación de la encuesta mencionada, a continuación se enumeran cada una de las preguntas y respuestas obtenidas.

1. Con la intensión de desafiar los paradigmas educativos que existen en la actualidad y en pos de lograr una educación que integre todos los aspectos del ser humano se han aplicado ciertas técnicas de coaching a un grupo control de estudiantes; los resultados han sido gratamente satisfactorios, ya que los alumnos reconocen los beneficios de esta herramienta, de acuerdo a los resultados obtenidos. Específicamente la pregunta abierta utilizada para medir el impacto del coaching fue la siguiente:

¿Qué opinión tiene sobre el Coaching Educativo, aplicado a cualquier especialidad, tanto en educación superior como en su vida profesional y personal?

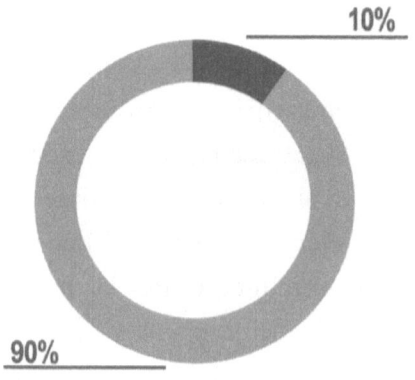

| Total de respuestas: 10 |
| Percepción positiva: 9 |
| Otra: 1 |

Sus experiencias basadas en el método de enseñanza fueron positivas en un 90%, indicando principalmente que había sido de ayuda para sus vidas en general, aludiendo en algunos casos mejorar en habilidades tales como disertar y conocerse, además se valoran elementos tales como "aprender haciendo", "transmitir confianza", "estímulo para seguir adelante" y "motivación".

2. Uno de los principales problemas que hemos detectado en la educación moderna es la elaboración de clases magistrales, es decir, dinámicas donde el profesor expone y los alumnos toman apuntes, limitando la creatividad, participación, diferencia, entre otros. En este sentido la intención de aplicar herramientas de coaching en la clase, se enfocó en potenciar habilidades individuales mediante una clase participativa. El Instituto Mexicano de Desarrollo Comunitario (IMDEC), plantea que las clases participativas "Se usan para que la gente participe, o para animar, desinhibir o integrar a los participantes. o para hacer más sencillos los contenidos a tratar"[12]. La pregunta utilizada en la encuesta fue la siguiente:

¿Le fue más fácil su aprendizaje aplicando el coaching educativo, a diferencia de la manera tradicional o magistral,

---

[12] Sanabria. (s/f) Las técnicas participativas en la clase encuentro: una interesante experiencia pedagógica. Recuperado de: http://www.monografias.com/trabajos43/tecnicas-participativas/tecnicas-participativas2.shtml#ixzz4YDmzPtEX [Consulta: 12 feb, 2018].

donde el docente dicta la materia y no existe un feedback, o la participativa, donde existe una coordinación entre conocimientos y saberes tanto del docente y los estudiantes de manera igualitaria, honesta y respetuosa?

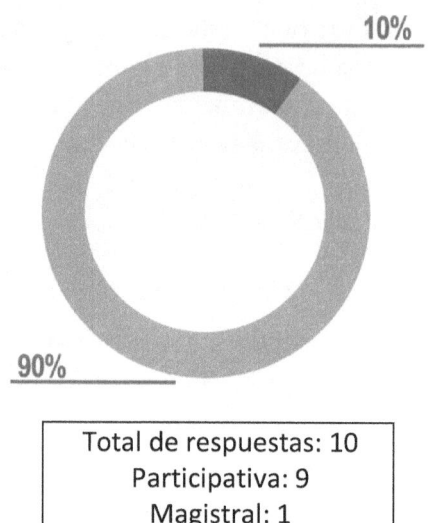

10%

90%

| Total de respuestas: 10 |
| Participativa: 9 |
| Magistral: 1 |

Podemos observar que como en la pregunta anterior, los resultados son contundentes, dado que un 90% prefiere clases participativas.

3. Herramientas como las encuestas, alimentan positivamente los procesos educativos, permitiendo obtener de los propios participantes posibilidades de mejora, en beneficio tanto de los estudiantes como de los docentes. Considerando lo anterior se les preguntó a los alumnos:

¿Qué cree usted que debería potenciarse y mejorarse entre los contenidos de estudio para dar valor agregado a su carrera?

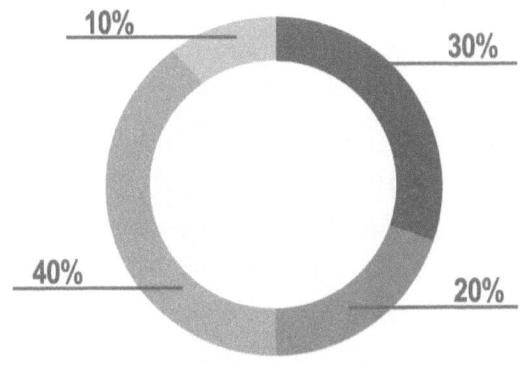

| Total de respuestas: 10 |
| Conforme: 3 |
| No sabe: 2 |
| Libros/Web: 4 |
| Valores: 1 |

El 40% de los alumnos piensa que deberían potenciarse temas relacionados con la lectura, ya sea de libros o material web, en tanto que el 50% está "conforme" o "no sabe", mientras que al 10% restante le gustaría que se incrementase entre sus contenidos el tema valórico.

Es interesante que entre las respuestas haya surgido la necesidad de introducir temas de la web; esto está directamente relacionado con la introducción de la tecnología en todos los campos de nuestra vida, especialmente en educación. Esta demanda debería ir en aumento a medida que las nuevas generaciones comiencen a llegar a las aulas.

Existen diversas opiniones respecto a la introducción de la tecnología, algunos detractores aluden el impacto negativo que ésta tendría sobre todo en la inteligencia emocional y en la forma de relacionarse de los alumnos, mientras que los que están a favor indican los beneficios en calidad que se pueden obtener. En este sentido, Peter Senge indica lo siguiente: "… la tecnología nos permite proporcionar aprendizaje de alta calidad, basado en contenidos, partiendo de propuestas y creaciones *on line* cada vez mejores" (Goleman y Senge, 2016; p. 42). La educación no tiene por qué ser en un marco establecido de una sala de clases, los alumnos pueden apoyarse en la tecnología y luego discutir y reflexionar sobre sus proyectos.

Es hora de *reinventar el aula*. Utilizar la tecnología como una herramienta para mejorar el aprendizaje puede ser muy beneficioso; sin embargo, es importante que tengamos en consideración que como docentes y coach debemos saber guiar a nuestros alumnos.

Las fuentes de información

El aumento de información y accesibilidad a ella es un tremendo recurso con el que cuentan las nuevas generaciones, el tiempo que antes se perdía en ir a bibliotecas y buscar libros puede ser utilizado ahora para aumentar nuestra productividad. Actualmente la información prolifera por doquier, hay personas que cuando van al médico ya conocen todos sus síntomas y lo que pueden tener, incluso los profesores en algunas ocasiones, no han estado a la vanguardia en los nuevos descubrimientos. En este mundo lleno de posibilidades y de información sigue siendo necesario educarse para poder educarse, y con esto nos referimos a educarnos en los patrones utilizados para discriminar la información; no todas las fuentes son confiables, actualmente hay cientos de mensajes que circulan diariamente por nuestras redes sociales que son falsas. Este punto es de vital importancia ya que muchas veces utilizamos la información para tomar decisiones, y tomar decisiones basándonos en una fuente falsa puede ser perjudicial para nuestras vidas. En el libro *Enseñar a pensar para aprender mejor*, las autoras indican los factores que deben considerarse en la evaluación de la confiabilidad de una fuente e indican que "... cuando alguien afirma algo o emite una opinión, ya sea en forma oral o escrita, debemos acostumbrarnos a que proporcione la fuente de donde tomó la información o las evidencias que posee para apoyar su juicio" (Beas, Santa Cruz, 2014; p. 36). A continuación detallaremos los factores que deben revisarse para determinar la confiabilidad de la información:

1. Identificar si existe una fuente o no, podemos apoyarnos en las preguntas ¿de que fuente obtuvo la información?, ¿aparece el nombre del autor o una institución?

2. Identificar si la fuente de información es primaria o secundaria: una fuente primaria es en la que el autor es el investigador y una fuente secundaria es cuando se cita, interpreta o reformula lo dicho por otra persona.

3. Razones para distorsionar una información: una persona puede distorsionar una información ya sea para falsearla deliberadamente o debido a creencias, expectativas o prejuicios. Para evaluar si la persona es confiable conviene

preguntarse: ¿le conviene o beneficia a esa persona la información?

4. Corroboración de la información: para esto podemos preguntarnos: ¿Hay otra forma de obtener esa información? ¿Hay otras fuentes?

5. Grado de expertizaje del que proporciona la información: las persona que aporta esa información ¿Tiene estudios o experiencia en el área? ¿es un organismo técnico?

De cierta manera lo anterior nos facilita la discriminación de los medios de donde obtenemos información, sin embargo otro tema muy delicado es la comunicación que se realiza mediante la web; los seres humanos tenemos la capacidad de observar el lenguaje no verbal y otros estímulos cuando estamos hablando con una persona, la riqueza de esta interacción cara a cara nos permite distinguir si la persona es, por ejemplo, digna de confianza, si es transparente en su actuar, si nos miente, si está interesada; esta información se pierde en el lenguaje escrito que se realiza por medios tecnológicos. Daniel Goleman se refiere al efecto de ciber-desinhibición y significa que "nada controla tus emociones (...); mandas un mensaje de texto cruel en el que escribes algo hiriente que no dirías nunca a la cara, pues el cerebro social te ayudaría a ajustar tu respuesta a la reacción de la persona" (Goleman y Senge, 2016; p. 40). No sólo está el hecho de no obtener el *feedback* que nos ayuda adecuarnos en una conversación en persona, sino también la serie de personas que se hacen pasar por otras y las mentiras y abusos que pueden surgir.

La tecnología, afirmamos nuevamente, trae una serie de beneficios positivos a la educación, sin embargo necesitamos gestionar y aprender a utilizarla de la mejor manera.

Coherencia y cohesión

La coherencia y la cohesión son necesarias en los procedimientos de enseñanza y las dinámicas utilizadas dentro el aula para lograr un mejor aprendizaje del estudiante. Tanto la coherencia a nivel macro textual como la cohesión a nivel micro textual permiten asegurar una correcta transmisión del mensaje.

El coaching educativo es cada vez es más importante en las aulas, algunas de sus ventajas son:

- Entrenamiento intensivo
- Aprendizaje vivencial
- Auto-aplicación (simulación role playing)
- Adaptación al rol
- Seminarios prácticos
- Diversidad técnicas y herramientas
- Mayor asistencia del alumnado
- Mayor satisfacción entre los estudiantes
- Mejoría de notas

A continuación describimos algunas de las técnicas y herramientas utilizadas en el aula:

Lenguaje

Procede del latín *"lingua"*. Se refiere al un conjunto de signos y sonidos que el ser humano utiliza para comunicarse con sus congéneres. El lenguaje hace posible la comunicación interpersonal y grupal; brindándonos la posibilidad de seleccionar, coordinar y combinar varios conceptos, simples y complejos, donde necesariamente interviene el habla; siendo una acción individual y voluntaria llevada a cabo mediante la fonación y la escritura.

Los niños, a partir de más o menos el año, desarrollan un prelenguaje rudimentario que implica capacidades neurofisiológicas y psicológicas como la percepción, la motricidad, la imitación, la expresión corporal, los gestos y la consiguiente memoria.

Emociones

Son reacciones subjetivas al ambiente (fisiológicas o endocrinas) innatas en el individuo e influidas por la experiencia. Se trata generalmente de estados que pueden sobrevenir de manera súbita de acuerdo al modo en que cada persona percibe las situaciones de diversa índole; pueden manifestarse por estados internos personales, motivaciones, deseos, objetivos y necesidades (Wikipedia).

Cada ser humano experimenta emociones diferentes, dependiendo de las experiencias acumuladas durante su existencia y de su carácter, éstas pueden ser innatas (genéticas) o adquiridas y aprendidas a través el tiempo.

Los seres humanos tenemos cuarenta y dos músculos diferentes en la cara y su movimiento depende de determinadas emociones, ayudándonos a expresar alegría, sorpresa, animadversión, etc.

Estas expresiones faciales afectan el entorno, alterando la conducta del receptor; por ejemplo, si alguien bosteza la otra persona también lo hará. Podría nombrar una variedad de componentes conductuales que muestran las expresiones faciales, gestos, distancias, y otros elementos no lingüísticos que acompañan la expresión verbal, como sudoración, sonrojado, sequedad de boca, temblor, respiración agitada, aumento del pulso cardiaco, entre otros.

Cuerpo

El sistema de comunicación es fundamental en nuestro diario vivir, debido a la fluidez, lírico-poética con que el ser humano cuenta. No obstante, también hacemos uso importante de la expresión no verbal; todas las emociones humanas son corporales. El estudio de estas expresiones presentes en los mecanismos de comunicación, es sugerente, emocionante y divertido. El lenguaje corporal suele realizarse a nivel inconsciente y esto puede estar relacionado a las emociones momentáneas; por esta razón, si nos encontramos frente a nuestros estudiantes debemos tomar consciencia de nuestra expresión corporal en el aula para que tenga congruencia la expresión verbal, corporal y la entonación vocal.

Muchas veces vemos nuestros cuerpos sólo como estructuras físicas, y no como estructuras vívidas y experienciales (Merlaw Ponty); esta perspectiva replantea la corporación del conocimiento, la cognición y la experiencia.

Según Francisco Mora, "el constructo neuro-científico, es decir la inteligencia, la personalidad y la creatividad de las emociones, la corporalidad, la vivencia, la expresión y la comunicación nos lleva a proponer un plan de trabajo para la formación de docentes y lograr esto que parecería incongruente: "**Aprender a pensar desde el cuerpo**", y que sin embargo tiene bastante relevancia en nuestro desarrollo docente. Esta actividad de formación de educadores en competencias ha sido experimentada en decenas de trabajos prácticos (…) fundamentados en criterios básicos de neurociencia" (Mora, 2016).

Técnicas del coaching que impactan el desarrollo en el aula

Hasta el momento hemos configurado toda una red de elementos que impactan la conducta, la forma de ver el mundo y la vida de los seres humanos. Este capítulo está orientado a entregar herramientas que puedan facilitar el aprendizaje en el aula. Para esto es importante comprender que a pesar de que estamos determinados por nuestro entorno, nuestra biología y nuestras vivencias, la *neuroplasticidad* de nuestro cerebro le permite aprender y modificarse hasta su vejez.

Empatía

Una de las habilidades sociales más valoradas es la de lograr ponerse en el lugar de un otro y tener la sensibilidad para poder captar lo que esa otra persona está sintiendo; a esta habilidad la llamamos empatía.

La empatía es uno de los factores que influyen en la confianza y en que la otra persona se sienta segura. Es una habilidad que genera muchas recompensas y más aún cuando hablamos de docentes empáticos, ya que si somos capaces de generar un ambiente de interés y afecto dentro del aula, el aprendizaje se logrará de una manera mucho más efectiva, fluida y amena que en un ambiente de miedo y de tensión. Para explicar este efecto recurriremos nuevamente a Daniel Goleman, quien en su libro *Triple Focus* se refiere a la empatía como un "… interés afectuoso y auténtico, tanto en la sala de clases, como en la escuela en su conjunto". Goleman habla de tres tipos de empatía:

Empatía cognitiva
Se refiere a cuando logramos el entendimiento de los modelos mentales y la forma de ver el mundo de la otra persona. Al ser empáticos alcanzaremos mejorar su aprendizaje, por lo tanto será más fácil que pueda entendernos. Debemos comprender que todos vemos el mundo de distinta forma (con la diversidad de factores que influyen en ello) y cómo, desde ese lugar de entendimiento, podemos hacernos comprender por una persona cuyos mapas mentales son totalmente distintos.

Empatía emocional
Se refiere a poder sentir lo que está experimentando otra persona cuando percibimos sus emociones; para lo cual consideramos que no sólo basta que mediante la observación

del cuerpo de otra persona podamos saber qué emoción está experimentando; pues para poder realmente sentir lo que está experimentando esa persona debemos cultivar la habilidad de observar también nuestras propias emociones. Si bien es cierto que cada uno de los seres humanos tiene un bagaje de emociones positivas o negativas en cualquier momento; es importante dejar de lado nuestros problemas personales y motivarnos para empezar todas nuestras clases con emociones positivas.

Preocupación empática

Se basa en un antiguo circuito biológico que poseemos los mamíferos, el cual nos permite expresar afecto y una conducta parental.

Este último tipo de empatía es el que Goleman utiliza como fundamento para explicar lo que él denomina *el aula del afecto,* en la que el docente con su ejemplo de amabilidad, afecto y pasividad inspira la misma actitud entre los alumnos; indica además que desde un punto de vista cognitivo, por lo general "el mejor aprendizaje se produce en una atmósfera afectuosa, de apoyo, en la que existe una sensación de seguridad, de respaldo y atención, de cercanía y conexión" (Goleman y Senge, 2016; p. 36). El confiar y preocuparse sinceramente por una persona puede marcar la diferencia e inspirarla a seguir creciendo.

La capacidad empática sumada a la capacidad de afecto, permite a una persona poder influir en el bienestar de otra; ésta una de las habilidades más humanas e importantes para el buen desempeño de las personas. La doctora Rosa Casafont señala la capacidad amorosa y afectuosa, describiendo que una persona que posea esa capacidad "… es capaz de influir y educar para hacer mejores personas con respeto a la individualidad y a la diversidad. Es capaz de escuchar activamente, de ser paciente, humilde, tolerante constante y serena; refleja su fortaleza y nos genera confianza; es constructiva en sus relaciones" (Casafont, 2014; p. 145).

Las neuronas capaces de generar la empatía son llamadas *neuronas espejo*; cuando se activan e interaccionan generan el proceso de simulación mental y sincronización, tal como indica la doctora Casafont, quien además sostiene que las neuronas espejo "… además de permitirnos mimetizar las acciones, nos aportan la capacidad de reaccionar emocionalmente de forma automática al observar el estado emocional de otra persona, de forma que emocionalmente también nos mimetizamos" (Casafont, 2014; p. 65).

La escucha activa

Cuando a la empatía le asociamos el respeto y el interés real por una persona, puede surgir la escucha activa. Usualmente en los actos comunicacionales se pone la atención en el orador y las destrezas de éste para lograr transmitir el mensaje. Suponemos que la escucha se da automáticamente; sin embargo, en *La ontología del lenguaje*, Rafael Echeverría propone el acto de escuchar como "percibir más interpretar". Escuchar activamente no es simplemente oír, ya que éste es sólo el acto biológico que nos permite discriminar distintos sonidos que acontecen en nuestro alrededor; escuchar activamente es interpretar lo que se escucha (dos personas pueden escuchar cosas distintas, ya que la interpretación depende de la forma como cada una ve el mundo) lo que percibimos, lo cual no es solamente lo que se escucha, sino también a lo que se observa en el lenguaje corporal y el contexto.

Escuchar más que hablar y no dar por hechos los juicios que nos surgen, sino hacer preguntas poderosas para que nuestros juicios sean bien fundados, nos ayudará a lograr la escucha activa, que "...contribuye a reducir las interpretaciones erróneas, a evitar los prejuicios y mantener el canal comunicativo abierto para fomentar nuestras relaciones con los demás" (Casafont, 2014; p. 142).

Otro elemento a tener en consideración en la escucha activa es que como seres humanos no hacemos las cosas porque sí, nuestras acciones están motivadas por una finalidad; es más: "... *nuestra conducta está motivada por un sentido, por cierto propósito, que veraz o no, guía nuestras decisiones y conductas en los diversos espacios en que nos desarrollamos*" (Sharon y Vidal, 2015). Cuando escuchamos activamente es importante preguntarnos entonces cuál es el sentido que hay detrás de lo que estamos escuchando, sin llegar a interpretaciones personales erróneas, atendiendo cada uno de los detalles de la expresión verbal y no verbal de los estudiantes para descifrar qué es lo que están queriendo decir.

Calibrar y sincronizar (rapport)

Si bien las neuronas espejo naturalmente nos ayudan a saber lo que la otra persona siente e incluso a imitarlo, existen ciertas técnicas que actúan a niveles más conscientes para poder empatizar con una persona y crear una relación de confianza. En capítulos anteriores vimos cómo los comportamientos e incluso microgestos tales como la forma de mover la boca, las arrugas que se forman cuando movemos ciertos músculos de los ojos, la forma en que está nuestra quijada, etc., tienen estrecha relación con los estados internos de una persona; calibrar es tener una conversación asertiva, transparente, equilibrada, que genere contexto, esto se realiza desde la triangulación del SER. Las personas tienden naturalmente a mimetizarse; por ejemplo, en una entretenida conversación dos personas pueden mostrar posturas y gestos similares que se van acompasando entre ellas. El hacer conciencia de este proceso se denomina calibrar y sincronizar. Guadalupe Gómez en su libro Esto es Coaching, dice lo siguiente: "Calibrar es reconocer la configuración de parámetros sensoriales observados en nuestro interlocutor. Observar sin interpretar (...). Es estudiar con precisión los signos de conducta exterior que traducen el estado interior vivido por esa persona" (Gómez, 2014). Con la calibración sólo observamos la conducta que refleja el estado interior de la persona con la que hablamos, sin emitir ningún juicio al respecto observamos sus arrugas, el color que toma su piel, su corporalidad, el tono y ritmo de su voz, su respiración, etc.; todo esto con la finalidad de "hablarle al otro en su mismo lenguaje", como indica Gómez, quien se refiere al acto de sincronizarse como "… hacer discretamente lo que el otro hace. Permite establecer rápidamente y mantener relación con el interlocutor. Para sincronizarse es preciso reflejar de forma discreta y flexible los comportamientos verbales y no verbales del otro" (Gómez, 2014; p. 182). Los psicólogos y psicoterapeutas llaman a este proceso rapport –asimismo, se utiliza en PNL con el propósito de generar sintonía sutil, construir confianza, armonía y cooperación–, éste tiene que ver con el tono de voz, la respiración, tomando como referencia las emociones. Ésta es una herramienta útil para el docente en las aulas y que muchas veces pasamos por alto, por lo que en parte no logramos el mejor rendimiento del estudiante mejorando sus procesos mentales-emocionales, descubriendo sus potencialidades, centrándonos en cambio sólo en la memorización de las lecciones. Es necesario combinar la educación tradicional con *"el aprendizaje a través del descubrimiento"*, un enfoque constructivista donde los estudiantes, con la orientación del docente, deban descubrir las ideas por sí mismos, y de igual manera establecer los estilos de aprendizaje, calibrando de qué manera aprenden mejor: si a través de la vista, el sonido o el movimiento.

Confianza

Hasta el momento hemos revisado algunas técnicas que en última instancia ayudan a crear confianza, lo cual de cierta forma facilita el acercamiento de los docentes a sus estudiantes y permite que estos lo validen como un modelo con quien se puede empatizar y aprender; sin embargo, la confianza también está ligada fuertemente a la coherencia entre pensar, sentir y comportarnos, ya que esto se percibe como autenticidad y transparencia. La coherencia y la confianza "generan tranquilidad y bienestar tanto en la persona que las posee como en la que se relaciona con ella" (Casafont, 2014; p. 137).

La ontología del lenguaje nos indica además que la confianza tiene su origen en lo lingüístico, y que es lo que nos permite crear una relación estable con los demás. Nos referimos a que tiene su origen en lo lingüístico ya que es un juicio que emitimos; es decir: yo juzgo que dicha persona es digna de mi confianza y lo justifico a partir de lo que he observado de esa persona, como por ejemplo: emite afirmaciones que son verdaderas, se comporta de acuerdo con lo que declara, cumple con sus compromisos, etc.; es decir, que cuando una persona comienza a emitir afirmaciones falsas, a faltar a sus compromisos, muy posiblemente comencemos a perder su confianza. Es acá donde surge un importante elemento que influye en la confianza: el respeto. Si bien el respeto también puede tener una parte emocional, lingüísticamente "… es el juicio de aceptación del otro como un ser diferente a mí, legítimo en su forma de ser y autónomo en su capacidad de actuar. Implica por lo tanto, la aceptación de la diferencia de la legitimidad y de la autonomía del otro en nuestra convivencia en común" (Echeverría, 2013; p. 135).

Motivación

La motivación es lo que mueve a realizar tareas o actividades a cualquier ser humano, también podemos llamarlo incentivar; ambos son clave del entusiasmo. Es un estado de ánimo especial que se crea en tanto se trabaja, un estado llamado "flujo" que nos impulsa a realizar nuestro mejor esfuerzo en cualquier tarea (Goleman 1998, p. 138). Podemos asumir que este flujo florece cuando todas nuestras habilidades pueden ser aplicadas a proyectos que se presentan con nuevas exigencias cognitivas, generando un placer diferente y por consiguiente un elemento maravilloso que nos motiva. Mejorando cada vez más los límites de aprendizaje donde se requiere el máximo de habilidades, coincidiendo con la zona de flujo impulsando naturalmente al perfeccionamiento, porque es así que aprendemos más, porque estamos dedicados a lo que hacemos y cuanto más practicamos una tarea, mejor la haremos.

Respecto a la neurología de la motivación, según (Goleman, 1999, p. 147) la amígdala alberga el circuito cerebral que respalda la motivación (puerta neural, donde penetra aquello que nos importa), por lo que el aprendizaje es emocional y predispone a uno a encontrar placer en una serie de actividades y en otras no; para lo cual es indispensable calibrar y realizar rapport en el aula para lograr un mejor aprendizaje. Según el autor hay tres actitudes motivacionales que tipifican el desempeño sobresaliente:

- *Afán de triunfo*, afán de mejorar o destacarse.
- *Compromiso*, adoptar la visión y los objetivos de la organización o grupo.
- *Iniciativa y optimismo*, actitudes gemelas que mueven a aprovechar las oportunidades y permiten aceptar con buen ánimo contratiempos y obstáculos. (Goleman, 1999)

En el área educativa, según la "enciclopedia del management", la llaman también la teoría de la esperanza o cognitiva. Por qué Sencillamente por el hecho de que se destaca la importancia que tiene la capacidad de pensar a la hora de determinar una actividad voluntaria, dependiendo no sólo de la motivación, sino también de la capacidad de los estudiantes.

Componentes motivacionales en la teoría de la esperanza

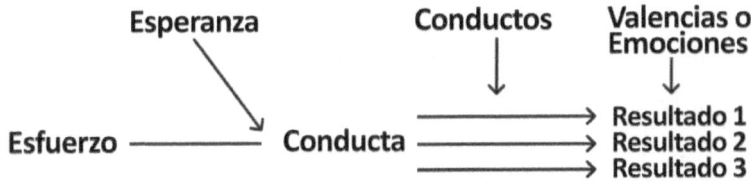

Fuente: Teorías motivaciones: varios autores.
Esperanza: E. Erikson

Evaluación al cuadro anterior. Se ha observado en estudios realizados que las creencias referentes a las valencias (emociones) de los resultados y especialmente las referentes a los conductos y esperanzas van asociadas a los índices de esfuerzo y rendimiento, los estudiantes que logran elevar sus rendimientos y aquellos que ejercen esfuerzos superiores para lograr sus metas tienen más esperanzas y conductos superiores, llegando a una valencia positiva. Cabe aclarar que por tratarse esto de una teoría y no una ciencia puede no ser universal.

Sin embargo, cabe recalcar que los programas de formación y desarrollo constituyen un método valioso para intentar influenciar positivamente a los estudiantes en la educación básica, intermedia, media y universitaria; aumentando sus destrezas y habilidades duras y blandas, para su futuro buen desempeño en el ámbito laboral y su estructura dinámica para el continuo cambio de acuerdo a lo que el mercado exige o exigirá en el futuro.

Liderazgo educativo

El limitarse a la gestión burocrática de los centros escolares, en las actuales condiciones es insuficiente; si consideramos que como primera responsabilidad de cualquier establecimiento escolar, es necesario garantizar el éxito educativo a todo el alumnado; lo cual no debe quedar al libre albedrío de cada profesor o de lo que pueda éste realizar dentro el área. De ahí que no sólo la dirección escolar o universitaria, sino conjuntamente con instituciones gubernamentales, tengan inevitablemente que entrar en la mejora de la enseñanza y del aprendizaje que se ofrece a nivel de política de Estado. Sin duda conflictivo; sin embargo en mi experiencia como estudiante y docente y considerando la literatura internacional disponible, cada vez vemos con más claridad que no sólo los docentes somos claves de esta mejora, sino que los directores de las diferentes instituciones también lo son, supervisando los resultados y alentando el progreso, y por supuesto el Estado y las actuales normas establecidas en nuestro territorio deben ser actualizadas al mundo competitivo actual y lograr un liderazgo para el aprendizaje.

Resolución de conflictos

Es un suceso común en nuestro diario vivir, que se produce cuando no se ha alcanzado un objetivo o meta, pudiendo tener lugar:

- Dentro de la misma persona, a nivel individual. Ejemplo: la denegación de un ascenso provocará frustración y su comportamiento puede ser:

  1. Agresión; puede que ataque la barrera misma, como una máquina expendedora de gaseosas, por ejemplo, argumentando que ésta se malogró o no devuelve cambio. La persona empieza a dar patadas, puñetes e insultos verbales.

  2. Un suceso que tenga aspectos tanto positivos como negativos puede originar un conflicto, como el traslado a una zona geográfica indeseable, por ejemplo.

  3. Una persona que se encuentre en situación de tener que elegir entre dos opciones negativas. Por ejemplo, el riego de una penalización por no llegar al trabajo debido a un accidente fortuito.

Las reacciones ante el conflicto interno aumentan los niveles de estrés y de tensión interna.

- **El conflicto a nivel de organización (en todo ámbito, tanto educacional como empresarial).** Muchas veces es inevitable; no puede pedirse que todo sea color de rosa dentro de una organización, ni entre las distintas unidades de la misma. Tanto para directivos como para todo el personal puede darse una combinación de desasosiego general, aprensión, desacuerdo, diferencia de valores, limitación de recursos.

- **El conflicto ya ha sido percibido y vivido por los afectados.** Obviamente las personas se sienten tensas, hostiles, agresivas; pueden delinearse frentes de ataque; entre unos y otros.

- **Etapa final.** Los diferentes grupos tendrán que reflexionar para limar asperezas –en el caso educativo, con la sutil guía del docente–para conseguir objetivos de la organización de mayor envergadura.

Cuando los conflictos se basen en actitudes, creencias y valores, puede esperarse con optimismo que se produzcan cambios rápidos en las personas implicadas.

Desde mi punto de vista, dada la experiencia obtenida a lo largo de los años, lo ideal es realizar talleres, seminarios de coaching transformacional y motivar a lograr las metas y objetivos planteados por cada una de las personas.

Reencuadre

Este enfoque viene dado por la programación neurolingüistica y nace a partir de los significados que les damos a las experiencias. Como ya hemos mencionado, la forma en la que actuamos y las reacciones que tenemos se generan a partir de una serie de elementos que hemos ido adquiriendo a lo largo de nuestras vidas y muchos de ellos en parte nos programan para que actuemos de la misma manera en cada ocasión.

Para comprender el reencuadre, debemos tener claridad de que cuando reaccionamos a algo, sólo estamos haciéndolo a partir del significado personal que le estamos confiriendo al estímulo, por lo que esa reacción no va a ser la misma en cada individuo y dependerá de las influencias, factores y formas de ver el mundo de cada persona, de manera que cuando somos conscientes de que la forma de ver alguna situación nos está limitando posibilidades, el reencuadre es una importante herramienta que puede modificar nuestro punto de vista y abrirnos a más posibilidades.

Para ser más concretos, el reencuadre se realiza a los significados personales que le atribuimos a los eventos y la vía de acceso es a través del lenguaje, específicamente de las afirmaciones y juicios. Recordemos por un instante que muchas veces vivimos los juicios como si fueran afirmaciones, como que estuvieran describiendo lo que ocurre. Muchas veces las generalizaciones son origen de muchos de los juicios que tenemos sobre nosotros mismo. Pongamos el caso de una situación en la que no logramos lo que estábamos esperando, ante eso nuestra mente puede emitir el siguiente juicio: "Siempre fracaso en este tipo de situaciones"; podemos observar la generalización, la utilización de la palabra *siempre* cuando estamos hablando de una situación específica. Lo segundo que podemos hacer es el tildar como fracaso que algo no suceda como lo esperado. Finalmente, es probable que el juicio que hemos emitido: "Siempre fracaso en este tipo de situaciones", sea limitante, en el sentido de que cuando nos enfrentemos nuevamente a una situación similar tengamos la idea de fracaso antes de intentar cualquier acción o de simplemente evitar ese tipo de situaciones; es el caso de las personas que no pueden tolerar los fracasos. Para el ejemplo citado un reencuade sería: "Hasta ahora, no he aprendido a obtener los resultados que quiero en esas situaciones". Podemos ver que el reencuadrar genera una disposición distinta. Sharon y Vidal indican que "… el reencuadrar ayuda a ver las cosas de manera distinta, por lo tanto llegar a diferentes conclusiones e incluso sentimientos y sensaciones en relación con un evento, experiencia o situación particular, encontrando nuevas maneras de hacerle frente, y lograr lo que verdaderamente se desea" (Sharon y Vidal, 2015). Estos autores también proponen una serie de preguntas que son utilizadas en el coaching integrativo para facilitar el reencuadre, para lo cual primero diferencian dos tipos: el de contenido y el de contexto.

Reencuadre de contenido

El significado que le otorga la persona es el contenido de la *experiencia*, por lo que se debe trabajar en transformar la percepción de éste para generar una nueva perspectiva.

Reencuadre de contexto

Se refiere al *lugar o ambiente* en donde se ha tenido la experiencia; en este caso, si se puede llevar la experiencia a un contexto diferente, se pueden abrir nuevas posibilidades.

PREGUNTAS DE REENCUADRE DE CONTENIDO	PREGUNTAS DE REENCUADRE DE CONTEXTO
¿Qué podría ser de utilidad aprender en esta experiencia (en términos positivos)?	¿En qué situación distinta tu accionar habría sido adecuado?
¿Qué le dirías a alguien que ha vivido la misma experiencia?	¿Cuándo esta estrategia podría ser de mayor utilidad?
¿Qué rescatarías de positivo?	¿Dónde sería más provechoso este accionar?
Si vieras una situación desde afuera, como si fueras un expectador, ¿qué percibirías?	¿En qué situaciones has hecho lo mismo con distinto resultado?

Fuente: Modelo de coaching integrativo

Logrando metas

Para estar al servicio de otros en el logro de metas, es importante hacerlo desde el respeto a la otra persona y su validación como un legítimo otro, distinto a nosotros y que tiene en su interior las competencias y capacidades para lograr lo que se propone. Cuando nos da pena la otra persona o intentamos hacer las cosas por ella, cierta parte de nosotros está desestimando la propia habilidad y capacidad de esa persona para superar sus inconvenientes, en el fondo no lo estamos respetando como un legítimo otro, acompañar respetuosamente y desde el afecto es un buen lugar desde donde podemos servir a otros y apoyar a que ése otro encuentre las habilidades y recursos necesarios desde su propio SER. Es importante destacar que nos basamos en los recursos y habilidades de las personas en el logro de una meta y no en lo que le falta a esa persona para lograr la meta, el enfoque es desde lo positivo y lo constructivo. No desde la carencia. Del mismo modo al detectar una meta debemos hacerlo desde lo que queremos lograr y no desde lo que queremos evitar. Además debemos ser específicos en la definición de la meta y saber reconocer cuando una meta es realista, este punto es muy importante ya que si el estudiante tiende a ponerse metas muy altas y difíciles de cumplir irá acogiendo un sentimiento de frustración y decepción, lo que mermará su propia confianza, optimismo y seguridad en que puede cumplir su meta. No por eso debemos poner metas fáciles, éstas también deben ser desafiantes y activar la acción. Si la meta es muy grande puede facilitarse con la realización de esta por etapas, a modo de volverla realista y desafiante. Sharon y Vidal plantean, respecto a que las metas sean realistas y desafiantes lo siguiente: "Esta combinación permite que el cliente sienta que podrá llegar donde sea pero hay un trecho que recorrer, le otorga mérito al avance y por ende satisfacción al logro, lo que estimula a las personas a seguir persistiendo con sus acciones para llegar donde sea, potenciando la motivación" (Sharon y Vidal, 2015).

Cuando estamos al servicio de alguien que necesita formular sus metas debemos utilizar nuestra habilidad de escucha activa, no solamente para ayudarlo a especificar una meta, sino también para lograr captar cuál es el propósito final de lo que quiere el alumno: ¿Cuál es el sentido de pasar cálculo?, ¿será que quiere ser un profesional para sacar a su familia de la pobreza?, ¿será que quiere ser admirado? La respuesta dependerá de cada persona, pero el lograr detectar lo que más le importa y que logre sintonizar con eso, le hará conectar con una inmensa fuente de motivación interna; esto es muy importante en educación, ya que si el estudiante "…

se limita a seguir los objetivos del profesor en cuanto a que debe aprender sin pensar demasiado en los objetivos propios, desarrollará el pensamiento de que la escuela tiene que ver con las metas de las demás personas, y no aprovechará su depósito interno de motivación e implicación" (Goleman y Senge, 2016; p. 20).

El trabajo que amas

Hemos utilizado en muchas ocasiones la expresión "estar al servicio", y es válido preguntarnos ¿a servicio de quién estamos?, ¿propio, de la institución, de los estudiantes, de la sociedad...? Es importante que podamos reconocer también nuestras propias metas y fuentes de motivación internas, que sin duda brindan mayores grados de satisfacción personal.

Para estos efectos Talane Miedaner, una de las líderes en coaching para la vida privada, en su libro *Coaching para el éxito*, indica una serie de consejos para potenciar nuestros dones naturales y construir una vida ideal, estos son algunos de ellos:

1.- Diseñar una vida ideal. Antes de diseñar una carrera ideal, es necesario saber cuál sería nuestra vida ideal; para esto las siguientes preguntas pueden servir de ayuda: "¿dónde quieres vivir?, ¿quién quieres ser?, ¿con quién te gustaría compartir el mayor tiempo posible?, ¿qué clase de vivienda te gustaría tener?, ¿que clase de trabajo te gustaría hacer?, ¿qué harías para divertirte?, ¿cómo sería un día normal?".

Finalmente describe esa vida con la mayor cantidad de detalles que puedas, puedes utilizar dibujos, recortes, etc. La idea es ir integrando poco a poco esos elementos a tu vida real.

2.- Lleva a cabo una actividad que sea acorde con tus principales valores. Para eso puedes recurrir a una lista de los momentos culminantes en tu vida y escribir por qué fue importante para ti y que valor refleja.

3. Una de las formas de saber a qué queremos dedicarnos realmente es comenzar a hacer con más frecuencia aquello que amamos; usualmente las personas realizadas son aquellas que hacen lo que aman y tienen talento para ello. Si pierdes mucho tiempo haciendo algo que no te gusta, *¿cuánto tiempo más necesitas sufrir para saber que eso te hace daño?*

4. Si no sabes cuál es tu don, una manera divertida de poder descubrirlo es trabajando en un proyecto personal que disfrutes y te apasione.

5. Las personas que saben lo que quieren en la vida son más dichosas que quienes no. Si aún no descubres el tuyo y pensar en eso te parece muy agobiante, Miedaner propone que te dediques a un tema específico cada año (o mes), el tema puede ser desde la dicha y la aventura hasta el amor.

6. Hay veces en que las exigencias de la vida diaria no nos permiten centrarnos en nosotros mismos y poder encontrar nuestro camino en la vida, para esos efectos es recomendable tomar distancia, puede ser en un lugar más tranquilo, un retiro, otra ciudad, etc.

Si a pesar de lo que hemos revisado, aún parece complicado encontrar una meta con sentido, existe una herramienta muy eficaz para este fin que se basa en poner en perspectiva las diferentes áreas de la vida de una persona, la Rueda de la Vida, o eneagrama de vida.

Esta herramienta es una especie de diagrama que muestra las diferentes áreas de la vida de una persona y le permite evaluar cómo se encuentran en el presente y cómo le gustaría que se encuentren en un futuro si se implementan acciones y estrategias, lo que da mayores perspectivas y focos de acción.

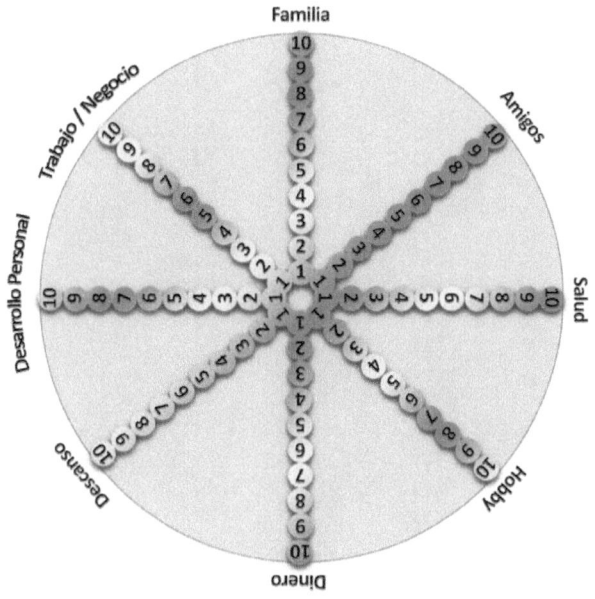

Fuente: Academia de Coaching y Capacitación Americana
ACCA

Eneagrama de vida

Puntualiza cada triangulo del 1 al 10 en función de tu grado de satisfacción y a continuación pinta de color cada triángulo desde el centro, en función del porcentaje que hayas asignado a dicha área. Para saber si tienes equilibrio en las distintas áreas de tu vida.

Para comenzar a establecer metas se debe buscar un punto de palanca, un área que tenga mayor impacto en el beneficio de todo el sistema, "… al ejercer una acción en este punto específico, se logrará un mayor impacto en todo el sistema, tanto interno como externo, propiciando el cambio de una forma más poderosa y ayudando a alcanzar la meta de forma más rápida y efectiva" (Sharon y Vidal, 2015).

MÓDULO 3

ACCIÓN

Ana María Villalpando

Co crear un concepto nuevo en educación

Como mencionamos en el módulo anterior, uno de los factores que influyen en la manera en que un individuo ve el mundo es el aspecto histórico y social. En este módulo introduciremos el término de aprendizaje y analizaremos otros factores que influyen en la forma de ser de un individuo.

Una mirada sobre lo que es el aprendizaje

Si bien la palabra aprender involucra muchos procesos, es importante definir sus orígenes y significado. Aprender proviene del latín "apprehendĕre", compuesto del prefijo "ap" (equivalente a ad) cercanía y de "prehendĕre" significa percibir[13]. Actualmente la RAE lo define como: "1. Adquirir el conocimiento de algo por medio del estudio o de la experiencia (…) 3. Fijar algo en la memoria…".[14]

El enfoque del aprendizaje ha ido variando a través de tiempo y ha estado influenciado por el paradigma dominante

---

[13] Definiciona. (s/f) Aprender. Recuperado de:
https://definiciona.com/aprender/#etimologia [Consulta: 25 ene, 2018].
[14] Real Academia Española (2014) Aprender. En Diccionario de la Lengua Española (23a.ed.) Recuperado de: http://dle.rae.es/?id=3IWZ4nr [Consulta: 25 ene, 2018].

de cada época, es así como en los años 70 y 80 el enfoque fue *conductual*, que lo define como un cambio en la conducta resultante de la práctica; "... el énfasis principal está puesto en el producto o resultado final que se consigue, evaluando a través de la medición los cambios de conducta" (Beas y Santa Cruz, 2014; p. 15), pero desde un tiempo a esta parte el enfoque ha sido influido por la psicología y otras contribuciones conductuales, lo que ha cambiado el foco desde las conductas (observables) a los procesos internos que actúan como intermediarios del aprendizaje, reflejando un enfoque *cognitivo* que determina que el aprendizaje es "... un proceso de construcción de conocimientos por parte del aprendiz, dependiente del conocimiento previo (...) y determinado por el contexto" (Beas y Santa Cruz, 2014; p. 15).

Cuando aprendemos no obtenemos cambios solamente en nuestra conducta o en nuestra forma de pensar, sino también a nivel cerebral y emocional.

Los seres humanos estamos conformados por mente cuerpo y emoción, y nos vamos constituyendo como seres a través de nuestras experiencias individuales, como lo que nos pasa en nuestra familia, por ejemplo, lo que aprendimos en el colegio o la escuela, nuestras primeras experiencias laborales. Esa es nuestra plataforma de acción.

Un enfoque muy interesante de cómo va variando el aprendizaje a lo largo de la vida, está relacionado con las etapas del desarrollo humano, que evalúa la evolución de cada individuo de acuerdo a su edad, ésta consta de siete etapas y está determinada por la capacidad de aprendizaje según la edad –aprendemos desde antes de nacer y hasta nuestra muerte–.Presentarla por etapas nos dará una mejor comprensión de qué es lo que sucede con el aprendizaje y cómo va variando a lo largo de la vida de un individuo.

Debemos tener en consideración que todos nacemos con distintas potencialidades, pero éstas se verán ampliadas de acuerdo a la educación y estímulos que reciba cada individuo. Estas potencialidades también pueden ser desarrolladas si se da el medio propicio para ello. La doctora Casafont, en su libro *Viaje a tu cerebro emocional*, al referirse a la habilidad de la comprensión empática, indica que "… aunque estas habilidades son heredadas (…) también pueden entrenarse y se adquieren en mayor o menor medida en función de si el entorno lo estimula o no" (Casafont, 2014; p. 31).

Etapa 1: Intrauterina

Imagínense lo sorprendente que es el desarrollo embrionario, que tan sólo en 38 semanas debe crear un órgano tan complejo como el cerebro humano, y aunque éste continuará su desarrollo hasta aproximadamente los 18 años, es durante la gestación y los primeros años de vida donde tiene su mayor y más rápido crecimiento, "… en 9 meses el cerebro alcanza un peso de unos 350g y la capacidad craneal tiene un perímetro entre 33 y 36cm de media".[15]

El desarrollo embrionario, si bien es un proceso definido y por etapas, también es influenciado por el medio; para ser

[15] Mas. (2015) Etapas del Neurodesarrollo. Recuperado de: https://neuropediatra.org/2015/12/16/etapas-del-neurodesarrollo [Consulta: 25 ene, 2018].

más específicos: "… desde nuestra concepción hasta nuestra llegada al mundo, ya existen esas influencias del entorno y de nuestro componente epigenético" (Casafont, 2014; p. 21). Es por eso que algunas sustancias a las que se vea expuesta la madre pudieran alterar el desarrollo del feto, "… alcohol, nicotina, estupefacientes o fármacos pueden alterar el delicado proceso del desarrollo cerebral (...), millones de niños sufren alteraciones graves y permanentes en su desarrollo cerebral causadas por la desnutrición" (Swam, 2015; p. 66), por lo tanto, desde esta etapa ya se pueden generar los que serán llamados trastornos de aprendizaje.

Etapa 2: Infancia, entre el nacimiento y los 6 años

Llamada también de "absorción total", es la que se da desde los primeros meses de vida hasta aproximadamente los 7 años de edad. En esta etapa el niño aprehende el mundo a través de toda la información y estímulo que recibe de su entorno, por parte de padres, familiares, medios de comunicación, cuidadores, etc. En esta etapa el niño absorbe todo lo que pueda, sin poner mayores filtros. Es acá donde el niño forma sus primeras creencias respecto a temas que desarrollará en la vida –relación de pareja, valores, límites–, y se conformará la forma en que se desarrolle en su futuro. Las experiencias de esta etapa influyen en la salud mental del niño, según sus estudios, el psiquiatra y psicoanalista de niños, doctor John Bowlby, quien desarrolló la teoría del apego, describe "… el efecto que producen las experiencias tempranas y la relación de la primera figura vincular en el desarrollo del niño"[16]. En 1944 Bowlby publicó su trabajo sobre "44 delincuentes juveniles" y su relación con las carencias que habían recibido cuando niños, lo que nos muestra la diferencia que hace que un niño se críe en un medio descuidado, de violencia y de temor con uno que se críe en un clima amoroso, de comprensión y confianza. Además realizó la película Una niña de 4 años va al hospital, y "… resulta evidente el dramático cambio que sufre la protagonista a lo largo de los ocho días sin su madre (…), al final de su estancia la niña desconfía de su madre, tiene rabietas y problemas…" (Farré, Gómez y Salvador-Carulla, 2015; 145). Cabe mencionar que la chica se seleccionó aleatoriamente y es descrita como una niña feliz, en los tiempos en que se filmó la película los niños hospitalizados eran separados de sus madres y conocidos durante su estancia.

Este período es sumamente relevante, dado que el niño no puede discriminar lo que le aporta a su vida y lo que no, por lo que está a merced de lo que vea, escuche y le transmita el entorno. En su libro *Somos nuestro cerebro*, el doctor Dick Swaab, menciona el caso de un niño abandonado en su infancia llamado Justín, que fue criado por un cuidador de perros en una jaula, quien sólo le cambiaba los pañales y le daba comida, pero no le dirigía la palabra ni le daba muestras de cariño alguno; a los 6 años fue llevado a un hospital, pero éste arrojaba heces a las enfermeras y no parecía capaz de

---

[16] Moneta. (2014) Apego y pérdida: redescubriendo a John Bowlby. Recuperado de:
http://www.scielo.cl/scielo.php?script=sci_arttext&pid=S0370-41062014000300001 [Consulta: 26 ene, 2018].

andar o hablar, además su cerebro era pequeño y tenía el tamaño de un paciente con alzheimer. Posteriormente en un medio estimulante Justín comenzó a mejorar.

La sinapsis cerebral de esta etapa llega al 66% (hasta los 4 años aproximadamente), lo que es asombroso si pensamos en todas las potencialidades que puede desarrollar un ser humano durante sus primeros años de vida; sin embargo nada de esto será posible si el niño no posee un entorno estimulante, mostrando implicancias en la forma y desarrollo cerebral, es más: "… los niños que han sido gravemente desatendidos durante una fase temprana de su desarrollo, poseen cerebros más pequeños y arrastran limitaciones a nivel intelectual, lingüístico o motor durante el resto de sus vidas, además se muestran más impulsivos e hiperactivos" (Swaab, 2014; p. 56).

A partir de los 5 años aproximadamente, irá discriminando lo que le sirve y lo que no; es decir, irá creando los primeros filtros y podrá darse cuenta de sus experiencias pasadas, pero a esa edad su visión de futuro es poca, por eso les cuesta esperar y quieren todo en el momento.

Etapa 3: Niñez, entre los 7 y los 12 años

También llamada modelaje o período de latencia, de acuerdo a cada autor. El niño comienza a adoptar conductas (a modelar) de quien le parezca más interesante. Esta etapa es muy importante, ya que comienza a vivir de acuerdo a los marcos compartidos por su entorno, en esto radica la importancia del buen ejemplo que deben dar los padres en esta etapa.

En esta etapa se produce la socialización –aunque actualmente los niños, como tienen ambos padres en el mercado laboral, son dejados en guarderías desde antes, lo que anticiparía la edad de socialización. Independientemente de ello, en esta etapa "A través de los juegos el niño estudia, desarrolla y adquiere múltiples capacidades que le ayudarán en la vida, como el sentido del deber, el respeto al derecho ajeno, el amor propio, entre otros".[17]

Etapa 4: Adolescencia, entre los 12 y los 18 años

Es llamada etapa de socialización. En esta etapa usualmente presenta una gran rebeldía y quiere salir de los marcos familiares, buscando afuera los elementos necesarios para completar su aprendizaje. Es importante la confianza y comunicación en esta etapa. De acuerdo al sitio web etapasdesarrollohumano.com, entre las características psicológicas que marcan esta etapa tenemos las siguientes:

- ✓ La vida sentimental se vuelve muy intensa y variable.
- ✓ En esta etapa comienza a tener deseo de independencia en la vida.
- ✓ Comienza a aprender el valor de los valores o ideales y comienza a tener los suyos propios.

De acuerdo a Erikson y su modelo de las ocho etapas, la etapa transcurrida entre los 13 y los 20 años, está marcada

---

[17] Etapasdesarrollohumano.com (s/f) La niñez, la tercera etapas del desarrollo del ser humano. Recuperado de:
http://www.etapasdesarrollohumano.com/etapas/ninez/ [Consulta: 27 ene, 2018].

por la definición de la propia personalidad; por ese motivo el individuo experimenta con diversas formas de vestir y de adaptarse a la sociedad. Erikson agrega: "Sin embargo aún los adolescentes más maduros experimentan cierta confusión sobre su identidad, muchos adolescentes aquí se rebelan y hasta pueden incurrir en problemas menores de delincuencia por esa confusión temporal de identidad que experimentan a esta edad".[18]

Muchos tildan esta etapa de complicada, y podría serlo, considerando que están pasando de la niñez a la adultez, lo que los puede tornar apáticos, tercos y con un gran afán de vivencias; sin embargo "… necesita que se lo comprenda, que se le hable con suavidad pero con firmeza, con interés pero orientándolo, debido a que perdió su escala valorativa de la niñez y aún no ha adquirido la de su vida madura"[19]… En el fondo es una etapa de mucha confusión.

Etapa 5: Juventud

En esta etapa, que es posterior a los 18 años, normalmente comienzan a valorar los esfuerzos y el cariño de sus padres, después de haber atravesado una etapa llena de rebeldía para lograr encontrar su verdadera identidad.

En esta etapa también se comienzan a experimentar diversas formas la sexualidad y a tener las primeras parejas;

---

[18] Arias. (s/f) Etapas de Erikson durante la edad adulta temprana. Recuperado de: http://www.psicologicamentehablando.com/etapas-de-erickson-durante-la-edad-adulta-temprana/ [Consulta: 2 feb, 2018].

[19] Aciprensa.com (s/f) La etapa de la juventud. Recuperado de: https://www.aciprensa.com/recursos/la-etapa-de-la-juventud-392/ [Consulta: 6 feb, 2018].

también será la época donde su formación académica y laboral jugará un papel importante.

Etapa 6: Adultez

A partir de los 25 años es la edad madura o adulta. En esta edad es donde se pone a disposición del individuo todo lo que ha logrado recopilar, en cuanto a creencias, límites, educación, paradigmas, etc. El cerebro termina su crecimiento aproximadamente a los 18 años, lo que no implica que no podamos seguir aprendiendo; lo hacemos pero más lento. Esta es una de las etapas más largas y comprende desde la juventud hasta la vejez.

Etapa 7: Vejez

Cuando el individuo ha logrado sortear con éxito las etapas posteriores desarrolla su máximo grado de madurez, "El confía en su independencia y trabaja fuerte por tener un rol aceptable en su vida. Quiere realizarse como persona que no se siente culpable y desea conquistar su felicidad a toda costa. Está orgulloso de lo que ha hecho en su vida, los hijos que procreó, de su trabajo, profesión y pasatiempos" (Arias, (s/f)), sin embargo, el sentimiento puede ser de frustración y desagrado si no logró superar con éxito las etapas anteriores o no logró sobreponerse y adaptarse a las desilusiones o fracasos.

En esta etapa es donde el individuo puede mirar hacia atrás y comprender lo que en su momento no pudo y ser consciente de su ser. La "Sabiduría cimentada sobre la experiencia de toda una vida, y una actitud contemplativa, serán las virtudes de esta última etapa, destinada a lograr una integración progresiva y creciente, cada vez más plena de sentido".[20]

Esta época también es considerada un nuevo renacer, por las nuevas expectativas de vida, ya que la persona que ha logrado llegar a su vejez en buenas condiciones puede dedicar su tiempo libre a actividades recreativas y seguir aprendiendo. Está comprobado que actividades como aprender un nuevo idioma mantienen al cerebro; leer y retomar los estudios minimiza el riesgo de tener enfermedades degenerativas, además es fuente de gran motivación y sentido.

Es importante mencionar que dependiendo del autor la cantidad de etapas y la duración de estás es variable. Se optó por esta división de etapas ya que el objetivo es resaltar las diferencias que impactarían a nivel educativo. Es posible que no todos los seres humanos transiten exitosamente por estas etapas, lo que generaría algunos problemas o trastornos en su vida adulta y vejez.

Estilos de aprendizaje

Atención

Estamos rodeados de miles de estímulos, pero nuestro cerebro sólo puede percibir algunos; lo que de cierta forma es un alivio, ya que si captáramos todos los estímulos del medio (el sonido de los autos, pájaros, conversaciones, carteles, etc.)

---

[20] Loughlin. (2002) El adulto mayor y el anciano. Recuperado de: http://www.psiconet.com/tiempo/monografias/anciano.htm [Consulta: 6 feb, 2018].

no podríamos focalizarnos en lo que realmente nos interesa. Lo anterior nos introduce a otro de los elementos que influyen en la cognición humana: la atención, la cual "… nos permite iluminar y resaltar toda aquella información que nos interesa y es relevante para nuestras metas" (Farré, Gómez y Salvador-Carulla, 2015; p. 103). La atención es la que selecciona y descarta la información dependiendo de la utilidad que tenga para nosotros.

Como mencionamos anteriormente, sólo podemos prestar atención a ciertos estímulos, por lo que nuestra capacidad de atención es limitada; es decir que en el caso de realizar dos o más tareas simultáneamente nuestros recursos atencionales tendrán que dividirse entre esas tareas, lo que afectaría nuestro rendimiento en cada una de ellas; sin embargo si practicamos diariamente estas tareas, nuestros resultados pueden mejorar de manera considerable; por ejemplo, la primera vez que manejamos un automóvil teníamos que prestar atención a los cambios, los pedales y difícilmente podíamos concentrarnos si alguien nos hablaba, pero con la práctica todo se volvió casi automático; esto ocurre porque a medida que adquirimos experiencia en alguna tarea, los recursos atencionales que vamos necesitando se reducen; "… mediante la práctica llegamos a automatizar varias actividades, consiguiendo que consuman menos recursos atencionales" (Farré, Gómez, Salvador-Carulla, 2015; p. 107).

Motivación

A partir de la atención y la motivación podemos introducir otro proceso involucrado con el aprendizaje: la **memoria**. El doctor Dick Swaab, en su libro Somos nuestro cerebro, se refiere a los estudios de Eric Kandel, –Premio Nobel en 2000–, quien se basó en los estudios de un animal primitivo llamado Aplysia para el estudio de aspectos del aprendizaje, dada la simplicidad de sus conexiones neuronales, lo que simplificó su estudio. Swaab logró determinar la plasticidad de las células nerviosas; es decir, sus contactos sinápticos podían reforzarse o debilitarse según el tipo de estímulo eléctrico que transmitían, lo que indica que la experiencia sirve para fortalecer la conexión entre las células nerviosas.

Además la Aplysia, al igual que los seres humanos, posee dos tipos de memoria, una a largo plazo y otra a corto plazo que requiere de una práctica repetida con períodos de descanso. La memoria a corto plazo "... *tiene una capacidad muy limitada, en nuestro caso retiene menos de doce elementos y, si la información no se repite, sólo se guarda durante unos minutos*" (Swaab, 2014; p. 323). En cambio la memoria a largo plazo supone un cambio estructural en el cerebro, ya que se forman nuevas conexiones entre las células nerviosas (en la memoria a corto plazo sólo cambia la fuerza de la sinapsis presente), Swaab además agrega que se puede transferir la información de la memoria de corto plazo a la de largo plazo mediante la ejercitación o mediante un suceso con una fuerte carga emocional. Esta transferencia de información desde los dos tipos de memoria podemos llamarla consolidación o almacenamiento de dicha información.

Inteligencia

Otra de las variables que influyen en el aprendizaje es la inteligencia. "La palabra inteligencia proviene del latín *"intelligentia"* o *"intellēctus"*, que a su vez proviene del verbo *"intellegere"* –término compuesto de *"inter"* ("entre") y *"legere"* ("leer", "escoger")– que significa comprender o percibir"[21]. Se refiere a la capacidad de pensar, entender, razonar, asimilar, elaborar información. Han existido múltiples definiciones de lo que es inteligencia, incluso en la actualidad no se ha logrado consenso respecto a su significado, que abarca desde la capacidad de comprender hasta la adaptabilidad al medio.

De seguro hemos escuchado de personas que fueron poco brillantes en el colegio pero que han triunfado en los negocios, lo que nos hace pensar que la inteligencia depende de múltiples factores. Gardner propone un enfoque de las inteligencias múltiples en el cual define ocho tipos de inteligencia:

---

[21] Inteligencia. (2018, 12 de mayo). *Wikipedia, La enciclopedia libre*. Fecha de consulta: 17:10, febrero 10, 2018 desde
https://es.wikipedia.org/w/index.php?title=Inteligencia&oldid=118188251.

	DEFINICIÓN	FORMAS DE APRENDER
Inteligencia Lingüística	Son hábiles para relatar historias y son mejores utilizando el lenguaje oral o escrito. Escritores y poetas están entre quienes la desarrollan.	Leyendo, ya que tienen una alta comprensión lectora. Escribiendo resúmenes o escuchando, también hablando o viendo palabras.
Inteligencia Lógico Matemática	Tienen la capacidad de observar y de razonar de forma deductiva o inductiva, se les hace más fácil la resolución de problemas y se relacionan con el pensamiento científico y la lógica. La desarrollan ingenieros, matemáticos y científicos.	Categorizando y clasificando la información, piensan en patrones secuenciales y utilizan los números y formulas.
Inteligencia Visual Espacial	Perciben el mundo de manera viso-espacial, tienen mayor capacidad para comprender mapas, saben orientarse y tienen buena memoria visual. La desarrollan arquitectos, marineros, escultores y decoradores.	Imaginando, visualizando y dibujando, también mediante diagramas y mapas conceptuales, se les hace más fácil comprender presentaciones visuales y con imágenes a colores.
Inteligencia Interpersonal	Se les hace fácil identificar las intensiones, emociones y motivaciones de los demás, por lo que son muy empáticos. Suelen ser introvertidos y cola-boradores. Se comunican de manera efectiva y pueden ser buenos líderes. La desarrollan políticos, vendedores, profesores y psicólogos.	Aprende mejor trabajando en grupo, enseñando, entrevistando e interpretando.

Inteligencia Intrapersonal	Tienen mayor capacidad de autoconocimiento, introspección y adaptación al medio, también son capaces de saber lo que sienten y expresar sus sentimientos. Suelen ser perfeccionistas, conocer sus destrezas y habilidades y aprender de sus fracasos. La desarrollan psicólogos, analistas, filósofos y sacerdotal.	Aprende mejor cuando se les permite concentrarse, les gusta trabajar a solas, reflexionar y analizar las cosas.
Inteligencia Naturalista	Tienen mayor entendimiento del mundo natural, sensibilidad por la naturaleza y otras especies, se les hace fácil cuidar animales e interactuar con ellos, cultivar y criar. La desarrollan agrónomos, biólogos, veterinarios, herbolarios y guardabosques.	Investigando, haciendo y comparando, además prefieren trabajar en el exterior y en la naturaleza.
Inteligencia Musical	Muestran mayor sensibilidad por la música, ritmo y sonido. Suelen tener buen oído y tocar algún instrumento o componer música. Pueden percibir y expresarse a través de la música, la desarrollan cantantes, compositores y bailarines.	Pueden concentrarse escuchando música, ya que utilizan los ritmos y las canciones para aprender y memorizar.
Inteligencia Cinético-Corporal	Suelen expresar ideas y sentimientos a través del movimiento. Son hábiles practicando un deporte o bailando, prefieren	Su aprendizaje mejora cuando hacen algo físicamente, imitando, haciendo y con actividades manuales.

actividades en las que puedan moverse y son hábiles construyendo objetos. La desarrollan deportistas, mecánicos, cirujanos, actores y artesanos.

Elaboración Carol Vivero[22]

Si bien en términos científicos hay poco apoyo para esta teoría, es importante que reconozcamos y fomentemos todos los tipos de inteligencias o al menos los talentos diversos, ya que la educación suele centrarse mayoritariamente en las inteligencias lingüística y lógico-matemática, dejando de lado los talentos de otras personas.

Creatividad

El experto en creatividad Ken Robinson sostiene que todos los niños tienen talentos, sin embargo los malgastan. En una de sus charlas más conocidas, que lleva por nombre "Las escuelas matan la creatividad"[23], refiriéndose a cuando estaba escribiendo su libro Epifanía y tuvo entrevistas con distintas personas sobre cómo descubrieron su talento, menciona el caso de una mujer llamada Gillian Lynne, sobre cómo llegó a ser bailarina. Ella estudió en los años 30 y era un desastre en la escuela, su profesor llamó a sus padres porque sospechaba que tenía un trastorno de aprendizaje –no podía

---

[22] Cepi.us. (s/f) Las inteligencias Multiples de Howard Gardner. Recuperado de: http://www.cepi.us/doctorado/didactica/03%20LAS%20INTELIGENCIAS%20MULTIPLES.pdf [Consulta: 10 feb, 2019].

[23] Rueda, (2009, agosto 3) Sir Ken Robinson_Las escuelas matan la creatividad. [Archivo video]. Recuperado de: https://www.youtube.com/watch?v=nPB-41q97zg [Consulta: 11 feb, 2019].

concentrarse y se movía nerviosa, lo que llamamos en nuestros tiempos déficit atencional–, por lo que su madre la llevó a un terapeuta. Relata que estuvo sentada en una silla al fondo de la consulta, mientras su madre le decía al especialista todos los problemas que tenía su hija de 8 años en el colegio; él fue donde Gillian y le dijo que necesitaba hablar en privado con su madre y ambos salieron de la habitación dejando a Gillian en ella, pero antes él encendió la radio que estaba sobre el escritorio y cuando salieron el especialista le dijo a la madre "sólo quédese aquí y obsérvela". En el momento que salieron ella se paró y comenzó a moverse al ritmo de la música; la observaron unos minutos y luego el terapeuta le dijo a la madre de la niña: "Señora Lynne, Gillian no está enferma, es una bailarina, llévela a una escuela de danza". Finalmente ella relata lo maravilloso que fue: su madre la llevó y se encontró rodeada de gente igual que ella, que no podía sentarse y quedarse quieta, que tenía que moverse para pensar. Gillian Lynne posteriormente tuvo una carrera muy exitosa en el Royal Ballet, fundó su propia empresa, la compañía de danza de Gillian Lynney, ha sido responsable de algunos de los músicales más famosos de la historia, como *Cats y El fantasma de la opera*, y por cierto: es multimillonaria.

Imagínense si hubieran decidido poner en tratamiento a Lynne Gillian, ¡lo que la humanidad habría perdido! Imagínense lo que estamos perdiendo al desperdiciar el talento de miles de niños sometiéndolos a un sistema de educación tradicional.

Algo que produce preocupación, además de permitir la pérdida de una diversidad de talentos, es el poco fomento que tiene la creatividad en el sistema tradicional. La doctora Rosa Casafont, en su libro Viaje a tu cerebro emocional, relata cómo nuestros sistemas educativos dan un valor sobresaliente a las habilidades de razonamiento lógico y a materias como las lenguas, matemáticas y ciencias; sin embargo es optimista respecto al futuro e indica: "... la inteligencia humana va más allá de lo que hemos concebido hasta ahora; pasa por potenciar todas nuestras capacidades y entre ellas, de forma importante, la creatividad" (Casafont, 2014; p. 216).

Casos

A continuación detallaremos 3 casos de educación no tradicional en los cuales se fomenta la creatividad, colaboración, desarrollo de habilidades, curiosidad, entre otros.

A.   *Aprendizaje colaborativo*

En la práctica tenemos dos ejemplos de colegios que a través del juego generan un Trabajo Colaborativo en el aula, con niños de segundo básico, y son los colegios "Yangtsé" y "San Damián", ubicados en Santiago de Chile, donde en busca de nuevas estrategias llegaron al concepto de colaboración. Su objetivo principal es desarrollar habilidades en los alumnos y potenciar objetivos académicos y sociales.

Las actividades relacionadas a este concepto son trabajar en equipo, generar uniones y fomentar la participación. La dinámica de clases comienza explicando claramente los objetivos de la jornada, a modo de que cada estudiante del grupo pueda identificar sus fortalezas y debilidades, para luego distribuir roles dentro del equipo. Esta dinámica además fomenta la habilidad de resolver conflictos, ya que en el desarrollo de la actividad se debe generar debate (cabe destacar que la capacidad de resolución de conflictos posteriormente se ve reflejada tanto dentro como fuera del aula) posibilitando la capacidad de llegar a acuerdos. En caso de que tengan mayores inconvenientes y no puedan solucionar los conflictos, solicitan la ayuda del profesor, quien no da la respuesta, sino que facilita que los alumnos lleguen a sus propias conclusiones por sus propios medios.

Otra de las variables a considerar en este tipo de aprendizaje es el tiempo; las actividades no deben ser muy extensas ya que se debe considerar la explicación inicial y la evaluación, reflexión o *feedback* al final de la clase. Las actividades además deben ser atractivas y desafiantes, ya que esto motiva la participación del alumno, y deben ser diseñadas para participar en conjunto; hay un solo material para todos los estudiantes, por lo que deben realizar una planificación grupal a nivel transversal. Al principio (cuando se implementó esta nueva forma de aprendizaje) no sabían como hacer, pero progresivamente fueron descubriendo qué es planificar y cómo aplicarlo de manera efectiva.

Es importante mencionar que el profesor pasa a ser el mediador. No se habla de bueno o malo sino de cumplir objetivos y son los alumnos quienes eligen a sus representantes para exponer lo que hicieron en la actividad, esto logra la participación de todos los alumnos, ya que no siempre es el mismo, lo que permite que todos se sientan considerados dentro del grupo.

En cuanto a la evaluación, siguen evaluando los docentes, pero ellos también se autoevalúan, por lo que el profesor deja de ser el ente principal.

Entre las cualidades que debe tener el docente en un aprendizaje colaborativo, destacan las siguientes:

✓ Deben mostrar su flexibilidad.

✓ Deben ser proactivos.

✓ Deben estar motivados y motivar a los alumnos, más que transmitir conocimiento, primero motivar.

✓ Deben saber ser mediadores y guías; es decir, dejar de trabajar frontalmente y dejar de ser el ente principal que entrega conocimientos.

Entre las dificultades que pueden presentarse tenemos:

✓ Exceso de ruido en el aula; puede confundirse con desorden, pero los niños y jóvenes efectivamente hablan de lo que tienen que hacer y del objetivo final del trabajo.

✓ Al comienzo puede faltar tiempo en cada una de las actividades, pero finalmente con la práctica se va solucionando.

Sugerencias para su implementación:

✓ Apoyo del equipo directivo.

✓ Comodidad en el aula, se debe tener el espacio y reformular los espacios en el aula.

✓ Capacitación a docentes; así como los niños y jóvenes están aprendiendo habilidades, los profesores también deben desarrollar sus propias habilidades. La capacitación sería efectiva y a largo plazo.

✓ Implementación progresiva.

Si bien estos cursos eran destinados a niños de enseñanza primaria, también se puede ver esta relación en adultos y adolescentes.

B. Educación mínimante invasiva

Sugata Mitra realizó una serie de experimentos, entre ellos uno llamado "Hoyo en la pared", el primero de ellos fue realizado en Nueva Delhi en 1999. El experimento es bastante sencillo y lo relata Mitra en una de sus conferencias que lleva por nombre *"Kids can teach them selves"*[24]. Hicieron un hoyo en la pared de una oficina que limitaba con un terreno baldío, en este agujero pusieron un computador totalmente equipado, con Internet Explorer, un *touchpad* y diversos programas. Para su sorpresa, unas horas más tardes unos niños estaban navegando en Internet y enseñándole a otros niños a hacerlo; realmente sorprendente, ya que estaba toda la información en inglés, por lo que repitieron el experimento en una localidad en el centro de India, donde se aseguraron de que nadie manejaba la tecnología o la

---

[24] Ted.com. (2007) Kids can teach themselves. (Sugata Mitra) [Archivo video]. Recuperado de:
https://www.ted.com/talks/sugata_mitra_shows_how_kids_teach_themselves
[Consulta: 11 feb, 2018].

utilización del inglés y pudiera haberles enseñado. El primer niño que vio el computador empotrado en la pared empezó a descubrir poco a poco sus funcionalidades, pronto llamó a otros niños y esa misma tarde había setenta niños navegando en Internet, lo que lo llevó a una conclusión: "... los niños en grupo pueden instruirse a sí mismos en el uso del computador e Internet".

Repitió el experimento una vez más, al norte de India, donde no había ningún profesor de inglés, y dejó el computador con una serie de CD's. Volvió tres meses más tarde y para su sorpresa los niños le dijeron: "Necesitamos un procesador más rápido y un mejor mouse"; él les preguntó: "¿Cómo es que saben todo eso?", y ellos respondieron: "Bueno, nos dejó esta máquina que sólo habla inglés, así que tuvimos que aprender inglés"; hizo la prueba y efectivamente los niños estaban usando 200 palabras entre sí, mal pronunciadas pero con su uso correcto.

Los resultados de este experimento fueron los siguientes:

✓ Niños entre 6 y 13 años pueden autoenseñarse en un entorno conectado, independiente de su infraestructura, nivel socioeconómico, etnia y otras características medioambientales, incluida la inteligencia. Hasta el momento no se ha podido descubrir ninguna correlación con algún factor.

✓ La curva de aprendizaje fue muy similar a la que habrían tenido en una escuela respecto a las funciones básicas de Windows, navegar, pintar, chatear y usar correo electrónico, juegos, utilización de material educativo, bajar música, ver un video.

✓ Más de 300 niños pueden aprender computación con un solo computador en seis meses.

✓ La educación primaria no debe ser impuesta de arriba hacia abajo, ya que ellos pueden aprender por sí mismos.

✓ Los niños pueden autoorganizarse y lograr un objetivo educativo.

¿Cómo lo hacen? Usualmente hay un niño manejando el computador y tres niños alrededor aconsejando lo que debería hacer, lo interesante es que cuando se le aplican pruebas los cuatro niños tienen el mismo resultado, usualmente tras estos niños hay otros dieciséis opinando, observando y también aprendiendo.

C. Aprendiendo juntos

En México, el Laboratorio de Cognición y Comunicación de la UNAM, conjuntamente con la Facultad de Psicología, está implementando un programa de innovación educativa denominado "Aprendiendo juntos", cuyo objetivo es fortalecer diversas habilidades que se detallan a continuación:

TIPOS DE HABILIDAD	DESCRIPCIÓN
Habilidades para la escuela y la vida	Se ha comprobado que este programa desarrolla habilidades tales como colaboración, convivencia, resolución de problemas, uso correcto de información, expresión verbal, negociación, entre otras. Además promueve el establecimiento de relaciones constructivas.
Habilidades para la colaboración y la convivencia	Mediante el trabajo en equipo y la declaración de estrategias de comunicación e interacción, adquieren habilidades para establecer relaciones armónicas. La colaboración tiene efectos positivos en el aprendizaje y ayuda a manejar la resolución de conflictos y a desarrollar un sentido de responsabilidad compartida; en suma, el trabajo en equipo les permite adquirir la competencia en el manejo de las relaciones personales y emocionales. Para esto el programa reconoce que no basta con reunir a los alumnos en grupos, sino que es necesario promover explícitamente estrategias de comunicación e interacción que generen un clima de cooperación en donde los niños aprendan a criticar las ideas más que a las personas, a coordinar esfuerzos, a exponer las ideas individuales; a la vez invita a la reflexión conjunta.
Habilidades para el manejo de información	Uso funcional de las TIC
Habilidades para la solución de problemas	Mediante la implementación de diversos proyectos significativos se les ayuda a desarrollar habilidades que les permitan confrontar diferentes situaciones y problemas de manera individual y colectiva.
Habilidades para la comunicación oral	Se les fomenta mediante la conversación a aportar sus puntos de vista y a considerar

	los de otros de manera reflexiva, confrontan ideas para llegar a acuerdos, se les enseña a dar explicaciones, justificaciones, generar críticas constructivas y responsabilizarse por decisiones grupales.
Habilidades para la comunicación escrita	Se promueven la comprensión (parafrasear y sintetizar la información, realizar inferencias, derivar conclusiones y diferenciar entre hechos y opiniones, asumir una postura crítica sobre lo que leen y aprenden) y producción de textos (planeación de textos, manejo de recursos discursivos para expresar ideas con claridad y coherencia, evaluación y corrección de los escritos y adaptarla para diversos propósitos)

Los casos detallados anteriormente nos llevan a pensar en dos factores importantes que se relacionan con la educación y que la forma tradicional de impartirla no está fortaleciendo; nos referimos al juego y la curiosidad.

De acuerdo a estudios, existe una relación entre el juego y el aprendizaje, ya que a través del juego entramos naturalmente en un proceso de aprendizaje, "… ante cualquier estímulo, nuestra curiosidad innata genera la emoción de interés y nos hace prestar atención para vivir esa experiencia placentera a través del juego" (Casafont, 2014; p. 157), lo anterior podemos resumirlo en la siguiente imagen:

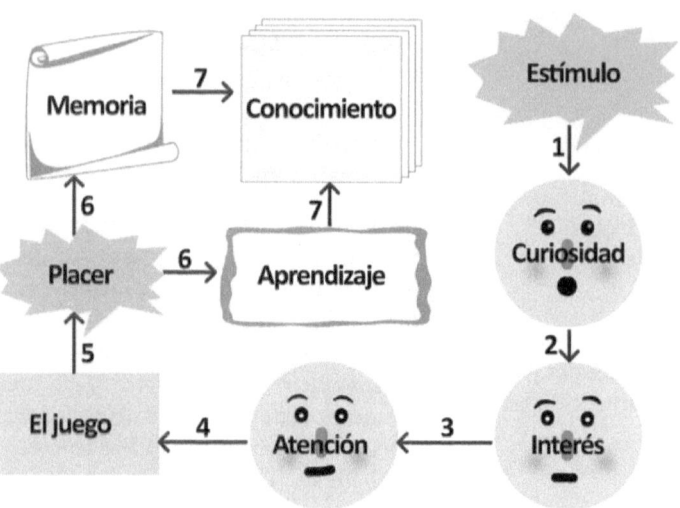

Viaje a tu cerebro emocional

Generar y diseñar un Plan de Acción en el aula

Este apartado está destinado a que el docente genere de manera estratégica un Plan de Acción para ser aplicado en el aula, con las herramientas de coaching, PNL; y TIC aplicadas a la educación que tenga a su alcance. Existe una diversidad de planes de acción para ser aplicadas en aulas; la elección de éste dependerá de la institución educativa, del material a dictarse y del criterio del docente. A continuación presento dos ejemplos de aplicación de nuevas tecnologías de información y coaching educativo, dinamizados con la el Salto Cuántico Educativo tratado anteriormente.

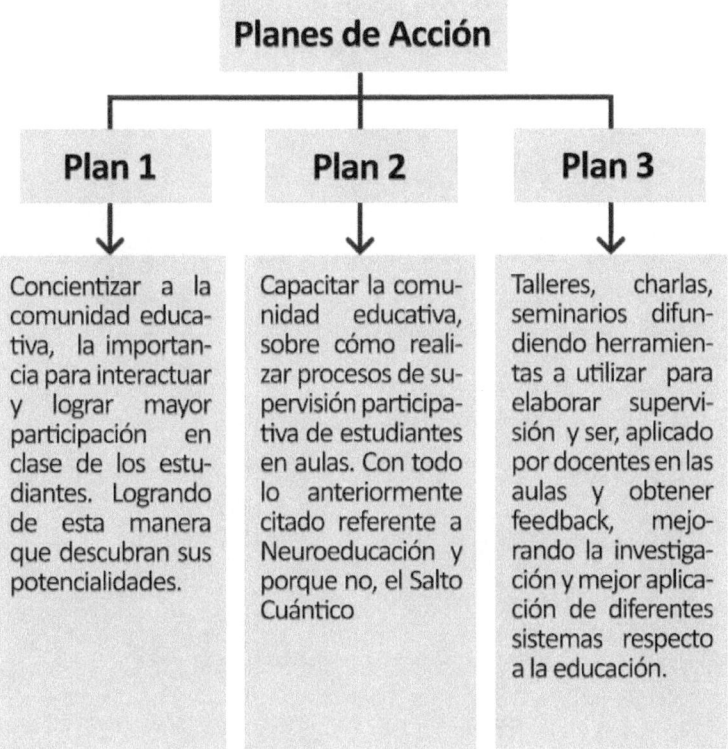

Plan de Acción

Plan de acción para ser desarrollado por el docente y los estudiantes

Actividades observadas	Indicadores	Situación anterior ¿Cómo eran?	¿Qué hicimos?	¿Qué logramos?
Trabajo pedagógico	Participación activa de los estudiantes, considerando aprendizajes previos en la materia. Donde es necesario reforzar y apoyar, que no les quede duda, aunque el tema tratado no pertenezca a nuestra especialidad. Sería como un repaso de lo aprendido anteriormente; para informar a Dirección.	Podría ser ejemplo: No se evidencia concentración y participación en los estudiantes. No se desarrollan todas sus capacidades, o no son significativas.	Realizamos sesiones de aprendizajes significativos. Logramos concientizar la importancia de descubrir sus conocimientos y potencialidades personales.	Interés para el área correspondiente a..... Predisposición para el trabajo de equipo. Participación activa de los estudiantes en clases. Desarrollo de capacidades en el área de...
Talleres	Dar a conocer nuevos sistemas para adquirir conocimientos en el aprendizaje. Los estudiantes elaboran sus propios conceptos, de acuerdo a la teoría entregada por el docente y poniendo de manifiesto sus conocimientos adquiridos anteriormente con responsabilidad y creatividad.	Consideran que los conocimientos que tenían antes eran superficiales y que ahora, con las técnicas dadas, realizan su base teórica y práctica, cambiando patrones de nuevos modelos de aprendizaje.	Se realizaron actividades en forma grupal. Se aplicaron dinámicas de socialización en cuanto a contenido de los temas obtenidos logrando resultados óptimos y una participación más dinámica.	Comprobaron que la materia sobre ... se aplica al contexto de las próximas materias de la Carrera que emprenderán. Elaboración de mejores sistemas educativos, así como los mejores procesos para ser aplicados; logrando excelencia, con los conocimientos y habilidades duras y blandas que se aplicaron en los talleres.

Resultados de las observaciones sobre el plan de acción posterior a su aplicación.

CONCLUSIONES

Independientemente del tipo de estudio que se trate, el reto más importante para la investigación neuroeducativa es el nivel de interdisciplinariedad en el ambito científico y educativo; lo cual nos lleva a tender puentes entre ambas disciplinas y tomar en cuenta los conceptos y la experiencia de los expertos y científicos.

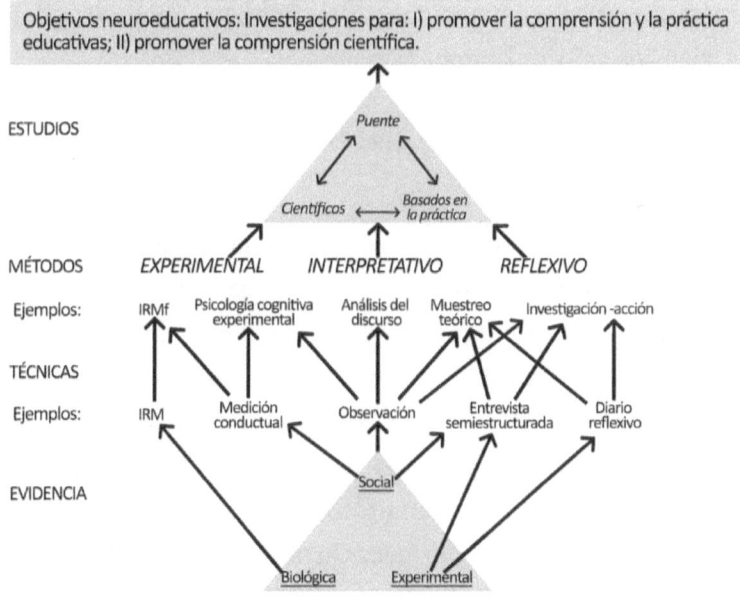

Fuente: *Investigación neuroeducativa*, Paul H-Jones, p. 108

"... *los neurocientíficos... algunos de los cuales dominan una fantástica cantidad de conocimientos, aunque les resulta difícil transmitir esos conocimientos... no siempre se los considera comunicadores, mientras que los charlatanes son con frecuencia muy buenos comunicadores, a quienes los maestros pagan para que vengan y les hablen en las jornadas de formación continua"* (Pickering y Howard-Jones, 2007: p. 112).

Del párrafo anterior deriva tanto la ética relativa a los procedimientos de investigación, como la relativa a la neurociencia y la educación. Los expertos tienen un papel importante que desempeñar en el fortalecimiento de las relaciones entre la ciencia y el público, garantizando que sus investigaciones se desarrollen con sensibilidad a las esperanzas y preocupaciones del público objetivo y que reflejen los valores humanos generales.

Apoyo por parte de los docentes a la creatividad en el aula

Para lograr co-construir la creatividad en el aula, es bueno considerar que los estudiantes aporten sus propias ideas y sus experiencias de aprendizaje adecuando la relevancia y validez de dichas ideas expresadas durante el transcurso de la clase, dándoles más protagonismo, con lo que ellos podrán ver desde su perspectiva la teoría transmitida con anterioridad por parte del docente, tomando como línea base las ideas creativas y que pueda enriquecer aspectos futuros de su vida, debido a que la creatividad es un proceso espontáneo y no está sometido a influencias. Como educadores debemos dejar que surjan los estudiantes, convirtiéndonos todos en actores de nuestros propios papeles. El pensamiento creativo parece apto para la metacognición –procesos de aprendizaje (aprender a aprender) propuestos a través de sistemas educativos utilizando capacidades de cada cada uno de los participantes, aprendiendo y comprendiendo su entorno, uniendo sus conocimientos, habilidades, competencias y el manejo de emociones, logrando **concientización y control de la naturaleza de los procesos educativos.**

Neurociencia, educación y futuro

El progreso de la tecnología y por lo tanto la velocidad de los avances en nuestros conocimientos de la mente y el cerebro están cada vez mas acelerados a pesar de que el concepto neurociencia es un término nuevo y los retos que se nos presentan es considerable y nos ayudará a lograr cambios y realizar trabajos conjuntos entre la neurociencia y la educación donde. Paul Investigacion Neuroward-Jones, en su libro *Investigacion Neuroeducativa, Neurociencia, educación y cerebro. De los contextos a la práctica*, motiva a los docentes a procurar que su formación sea continua y multidisciplinaria, considerando diversos factores que ya mencionamos anteriormente:

Plasticidad cerebral

Estudios neurocientíficos muestran que la estructura y función del cerebro pueden responder a influencias ambientales y culturales, incluida la educación. Por ejemplo (Immordino-Yang, 2007) presentó dos estudios de personas que sufrieron extirpación quirúrgica de un hemisferio cerebral completo; ambos fueron capaces de desarrollar el lenguaje y destrezas sociales aplicando estrategias de procesamiento individuales que explotaban la funcionalidad asociada al hemisferio restante. La dislexia, que está asociada al procesamiento fonológico y que afecta la capacidad de lectura, puede remediarse mediante enfoques que enfaticen las relaciones entre el sonido y la grafía (Shaywitz y Cols., 2004), enfatizando la importancia de los enfoques "fonéticos" modernos en aula. Lo que nos da a entender que todos los seres humanos estamos capacitados para aprender y responder a cualquier tipo de aprendizaje que se nos presente; modificando, adaptando y descubriendo nuevas rutas neuronales para lograr nuestro objetivo y llegar al éxito soñado.

Creatividad

Personalmente estoy consciente de que esta capacidad genera nuevas ideas o conceptos, y asociaciones que logran soluciones originales; la Inclusión de conceptos debilmente relacionados aumenta la actividad en regiones ligadas al esfuerzo creativo, promoviendo la creatividad. En este sentido expongo lo que en mis 15 años de experiencia profesional en marketing, me sirvió muchas veces, llegando a crear soluciones originales, llamadas también *"pensamiento original"*, *"imaginación constructiva"*, *"pensamiento divergente" o "pensamiento creativo"*. La creatividad es una habilidad típica de la cognición humana (Wikipedia).

Todas las otras capacidades del cerebro, como por ejemplo la *inteligencia* y la *memoria*, incluyen otros procesos mentales que están entrelazados, dando lugar a las memorias a corto plazo, a largo plazo y sensorial.

Visualización

La visualizacion de un objeto pone en funcionamiento la

mayoría de las regiones cerebrales que se activan. (Kosslyn, 2005), respaldando el uso de la visualización como herramienta para aprender y aplicada al ámbito educativo; considerando que una sola imagen puede tener diferentes significados, dependiendo de nuestro estado de ánimo, nuestra percepción y /o vivencias. Para la transferencia dentro del aula de lo que queremos dar a conocer, durante la preparación del material debemos tomar en cuenta la importancia de transferir mediante imágenes nuestras experiencias, actitudes, valores y opiniones, para que estas sean recordadas, luego reconstruidas y posteriormente aplicadas.

Motivación

La neurociencia esta promoviendo una nueva forma de pensar sobre la motivación en la educación. Por experiencia propia, una manera de ver al estudiante motivado es compartiendo mi entusiasmo cuando estoy enseñando, así se identificarán mucho más, no sólo con la materia sino con mi manera de enseñar; por lo tanto estarán más entusiasmados por aprender. Por medio de técnicas de coaching y PNL podrás conocerlos mucho más que sólo memorizando sus nombres.

Recuerdo que durante mis estudios universitarios y los cursos que realicé a lo largo de mi vida, me encontré con catedráticos y personas inteligentes, quienes confiaron en mí al sólo ver mi comportamiento en clase, mi atención, mis constantes preguntas e inquietudes y mis trabajos realizados; estos me daban la oportunidad de preparar un tema sobre la material para el día siguiente y yo tenía la oportunidad no sólo de aplicar sus enseñanzas sino también de preparar el tema correspondiente, ejemplificar físicamente, transmitir lo que aprendí investigando y dar a conocer al curso completo lo relacionado al material, además de cerciorarme de que entendieran todas las explicaciones; gracias a esas personas logré enamorarme de la docencia.

Recordando a cada uno de ellos, con mucho cariño y agradecimiento por siempre, durante mis intervenciones hago lo mismo con todos y cada uno de mis estudiantes, quienes se motivan de tal manera para preparar o recordar mediante las diapositivas todo lo avanzado durante el primer tiempo de clase, que muchas veces me quedo sorprendida por el aporte que estos realizan, aparte de lo que estaba escrito en la teoría y el material de apoyo utilizado. Como anécdota puedo referir que algunos de ellos cundo tenía yo un viaje planeado, se ofrecían para quedarse como reemplazantes de la materia durante mi ausencia. Su entusiasmo llegaba a tanto, que yo tomaba la determinación –tal como hacían mis profesores conmigo– de darle la oportunidad de que escogieran un tema de su agrado y con el apoyo de la teoría que les entrego a principio de clase y las diapositivas ya preparadas, pudieran dar ellos una clase completa. Como dije anteriormente, tantas veces fui sorprendida porque a la teoría que les entregaba aumentaron cosas fabulosas, increíbles incluso, que me tomé la libertad, con el permiso de ellos, de aumentar mis lecciones con sus aportes. Ésa es una filosofía personal: que tanto ellos aprenden de mis conocimientos como yo puedo nutrirme y aprender mucho más de ellos.

La cognición y el cerebro en la currícula

Existen pruebas que demuestran que la función cerebral puede entrenarse; referente a la práctica repetida de ejercicios entrados en la función cognitiva, produciéndose mejoras y reduciendo el riesgo de Alzheimer (Wilson y Cols, 2002). En investigaciones recientes sobre la *inteligencia fluida* – medida considerada buena predictora del logro profesional y académico–, mediante la repetición de una tarea de la memoria al trabajo, la llamada Nbac2 (Jaeggi y cols, 2008), con participantes ancianos, incluidos algunos con riesgo de demencia –la edad media de los participantes en este estudio fue de 25 años, demostrando la relevancia de este tipo de entrenamiento cognitivo para la poblacion más joven.

Más y más la educación está recibiendo el influjo de intentos de prestar atención directa al desarrollo de la función ejecutiva con el fin de promoveer el bienestar emocional, la salud mental y el rendimiento académico. También debemos recalcar la importancia que tiene facilitar a los estudiantes conocimientos básicos del cerebro y de esta manera ayudar significativamente a que mejoren su autoestima y rendimiento académico (Blackwell y cols., 2007), comprender su función y los beneficios de la salud cerebral que a futuro debiera estar incluida preferentemente en la currícula escolar.

Los docentes debemos convertirnos en **NEUROEDUCADORES**, no necesariamente con conocimientos profundos, científicamente hablando, sino que como educadores debemos estar constantemente aprendiendo, experimentando e informándonos.

La influencia de la Neurociencia en el desarrollo profesional educativo

Es importante que la formación de los docentes incluya conocimientos básicos sobre el cerebro y la mente, permitiendo que se acorten distancias o se tiendan puentes entre Neurociencia y Educación, lo que que beneficiaría a niños, jóvenes y adultos, logrando culminar objetivos propuestos por muchos científicos de la mente y estudiosos de la educación sobre lo que es la neuroeducación actualmente.

Hay una idea de Albert Einstein que resalta esto:

"El aprendizaje es experiencia, todo lo demás es información"

Respecto a las herramientas tecnológicas usadas en el aula (TIC), éstas deben ser planificadas con el cuidado que amerita cada una de ellas, de igual forma deben tenerse claros los objetivos académicos concretos que se quieren alcanzar. Asimismo deben ser adaptables a un plan de trabajo y a las características de la institución o grupo, debiendo ser justificadas y avaladas para que se conviertan en soporte de los docentes en los programas en clase.

¿Podríamos considerar un salto cuántico en educación?

Por último, me siento supremamente entusiasmada y feliz; por no ser la única persona que pensó que la educación puede realizar un salto cuántico; un profesor de física con mucha experiencia, como Carlos González, a miles de kilómetros de distancia de mi país, Bolivia, haya ya experimentado al respecto teniendo tan buenos resultados como nos lo muestra en su documental *23 maestros de Corazón, un salto cuántico en la Educación*. Al mismo tiempo me siento aliviada de no estar del todo equivocada; mi esperanza y sueños no serán en vano, lo que me tocará de aquí en adelante es aplicarlo y llevar a la acción mis ideas y proyectos, enriqueciéndolos con todo lo que pueda aportarme la experiencia anterior de Carlos González. Al mismo tiempo me siento esperanzada en que sí podemos realizar este Salto Cuantico Educativo para beneficio de nuestros estudiantes. Y como menciona Gonzalo Romero, de Coaching Consulting Group, dejar un legado para las futuras generaciones.

Hay muchas frases interesantes de este emérito profesor. Pondré en este texto algunas de ellas como muestra de admiración y coincidencia de pensamientos:

- "Nuestra educación es todavía una analfabeta emocional, de hecho lo es en todo lo relacionado con el autoconocimiento".
- "En nuestra educación pensar y sentir no están armonizadose.
- "Educamos de una manera que nos desconecta de nuestra propia esencia y nos somete a las creencias y mitos de nuestra cultura y de nuestra familia".
- "Por qué en la escuela no se enseña autoconocimiento?".
- "Este déficit educativo es debido a que los maestros hemos sido formados, desde prácticamente que nacimos, en una educación en autoridades".

Análisis personal de cómo un salto cuántico en la Física podría adaptarse para lograr un salto cuántico educativo

Por último, quiero recomendar tanto a docentes como a estudiantes, padres de familia, instituciones educativas y gobiernos, que entremos en este mundo fantástico, que cambiemos los paradigmas de enseñanza para estar más a la altura de la tecnología. y de un universo aún no explorado en su totalidad: nuestro cerebro y mente humana. De esta manera podríamos descubrir un mundo nuevo para que disfruten las futuras generaciones de estudiantes.

Estoy consciente de que estos cambios deberán darse poco a poco; sin embargo, es necesario tomar conciencia de que la educación necesita cambios para lograr un plan de acción respecto al aprendizaje, al conocimiento, a aprender a hacer, a aprender a aprender y, lo más importante, a aprender a *SER TÚ MISMO*, fundamental para desarrollar la personalidad y adquirir autonomía de juicio y responsabilidad personal.

Igualmente, me atrevería como docente a considerar de preferencia lograr en las aulas una participación activa de los estudiantes y un constante feed back con ellos, con el fin de descubrir sus conocimientos, habilidades, valores, creatividad y proactividad, contemplar el uso de las TIC, incluyendo la investigación e innovación en educación, dándoles más protagonismo a los estudiantes.

Desde mi punto de vista como estudiante y docente, además de ser totalmente sincera de nada me sirve tener al frente robots que sólo asimilen la información que les doy;

por el contrario, prefiero tener constantemente un *feedback* y un reto diario para aplicar mis conocimientos y mi creatividad, y muchas veces tener que salir de situaciones engorrosas encontrando respuestas conjuntamente, o realizar investigaciones para el siguiente día, logrando clases más dinámica y llenas de expectativas para todos los participantes.

Mi finalidad es que éste proyecto no quede solo cómo un sueño, sino llevarlo a la realidad personalmente y que además sirva de inspiración a profesionales que dedican alma, vida y corazón a la educación.

Ana María Villalpando

BIBLIOGRAFÍA CONSULTADA

1. Baou Peréz, J-F. (2007) *Coaching para Docentes*. Club Universitario, Marid, España.

2. Beas J. Santa cruz. (2014) *Enseñar a pensar para aprender mejor.* Universidad Católica, Santiago de Chile. P. 15-36.

3. Cabero, J. (2007) *Nuevas tecnologías aplicadas a la educación*. McGraw Hill (Portal educativo): Madrid.

4. Casafont, R. (2014) *Viaje a tu cerebro*. S.A. Ediciones B, Madrid. P. 21-31-65-137-142-145-153-157-216.

5. Carey, B. (2015) *Aprender a aprender; saca partido a tu cerebro y aprende más con menos esfuerzo*. Ediciones Urano S.A. U.

6. Echeverria, J. (2010) *El arte de innovar*. Plaza Valdez Editores, Madrid. Páginas: 70-72-101-103-135-268-276.

7. Farré, Gómez, Salvador-Carulla (2014) *La aventura del cerebro, viajando por la mente*. Siglantana S.L., Madrid. Páginas: 70-72-103-107-118-120-139-168-172.

8. Goleman, D. & Senge, P. (2016) *Un nuevo acercamiento a la educación*. Penguin Randon House Group, Madrid. Páginas: 19-20-26-29-36-40.

9. Goleman, D. (1999) Focus. Kairos, Barcelona, España. P. 147

10. Goleman, D. (2016) *Triple focus* S.A. Ediciones B, Madrid.

11. Gómez, G. (2014) *Esto es Coaching*. Ediciones Obelisco S. L. Barcelona, España. P. 182

12. Goleman, D. (1998) *Working with emotional intelligence*, Kairos S.A. Barcelona. P. 138

13. Gosling J.A., P.F. Harris, J.R. Humpherson, I, Whithmore, P.L.T. Willan, (1994) 2da. Edición,

Anatomía Humana. División de Times Mirror de España, S.A, Madrid.

14. Howard-Jones, P. (2011) *Investigación Neuroeducativa. Neurociencia, Educación y Cerebro, de los contextos a la práctica*, Editorial La Muralla, S.A. Madrid, España. P. 108

15. Immordino, J. ((2007) *Mind, brain and education in Reading disorders hardback, Cambridge Studies in Cognitive and Perceptual Development.* Cambridge University. Inglaterra.

16. Kaufmann, T. (2008) *Vida, mundo, palabra.* Trotta, Madrid, España.

17. Kosslyn, Estephen M. (2005) *Dos tipos de generación de imágenes, evidencia de PET (Neurociencia cognitiva, afectiva y estudiantil).* La casa del libro. Madrid, España.

18. Manes, F. (2014) *Tratado de Neuropsicología.* Buenos Aires. Argentina. P. 211

19. Miedaner, T. (2001) *Coaching para el éxito*, Ediciones URANO Barcelona.

20. Moix, J. (2018) (2018) *Felicidad flexible.* Aguilar, Madrid. P. 248

21. Mora, F. (2016) *Neuroeducación, sólo se puede aprender aquello que se ama*, Alianza Editorial S.A. Madrid.

22. Salinas, J. Cabero Almenara (año) (2000) *Nuevas tecnológicas aplicadas a la educación.* Síntesis, Madrid.

23. Sharon y Vidal. (2015) *"Modelo de coaching integrativo".* RIL Editores [versión Kindle] Obtenido de Amazon.com.

24. Swaab, D. (2014) *Somos nuestro cerebro, como pensamos, sufrimos y amamos.* Plataforma Editorial, Madrid. P. 56-66-323

25. Whitmore, J. (2009) *Coaching, el método para mejorar el rendimiento de las personas.* Artes Gráficas Huertas, S.A. Madrid.

Web

Energia-nuclear.net (2019) Átomo. Recuperado de: https://energia-nuclear.net/definiciones/atomo.html [Consulta: 19 nov, 2018].

Fritsman, E. (s/f) El Salto Quántico. Recuperado de: https://www.bibliotecapleyades.net/esp_salto_quantico.htm. [Consulta: 19 nov, 2018].

Editorial la Paz (s/F) Generaciones. Editoriallapaz.org. Recuperado de: http://www.editoriallapaz.org/generaciones.htm [Consulta: 21 nov, 2018].

Pulso. (2014) Millenials de américa Latina apuestan por ser emprendedores. Recuperado de: http://www.iab.cl/millennials-america-latina-apuestan-emprendedores/ [Consulta: 28 nov, 2018].

"Baby boomer." Wikipedia, La enciclopedia libre. 28 julio 2018, 13:23 UTC. 26 nov 2018, 10:41 https://es.wikipedia.org/w/index.php?title=Baby_boomer&oldid=118268262

Perezbolde, G. (2014) Conoce las diferencias entre millennials, Genx y Baby Boomers Recuperado de: http://www.merca20.com/conoce-las-diferencias-entre-millennials-genx-y-baby-boomers/ [Consulta: 28 nov, 2018].

Rius, M. (2016) Así vemos el trabajo según la edad. Recuperado de: http://www.lavanguardia.com/vida/20160401/40801626085/diferencias-generacionales-en-el-trabajo-baby-boomers-millennials-generacion-x-generacion-z-generacion-empleo.html [Consulta: 28 nov, 2018].

Arias, S. (s/f) La generación de los "baby boomers" "Quienes son los baby boomers"? Recuperado de:

http://www.psicologicamentehablando.com/la-generacion-de-los-baby-boomers/ [Consulta: 29 nov, 2018].

Perezbolde, G. (2014) Conoce las diferencias entre millenials, Genx y Baby Boomers. Recuperado de: http://www.merca20.com/conoce-las-diferencias-entre-millennials-genx-y-baby-boomers/ [Consulta: 29 dic, 2018].

Zavala, G. (s/f) Comportamiento de las diferentes generaciones. Recuperado de: http://gerza.com/articulos/aprendizaje/todos_articulos/comport_generaciones.html [Consulta: 29 dic, 2018].

AIEDMX. (24 jul, 2015) La Mesa Cuadrada – La era de los millennials. [Archivo Video] Recuperado de: https://www.youtube.com/watch?v=-Kt9ESGCZ8k [Consulta: 29 dic, 2018].

Núñez, E. (s/f) Los "Millennials" desean ser emprendedores. Recuperado de: http://www.fundapymes.com/millennials-emprendedores/ [Consulta: 10 ene, 2019].

Ortega, M. (2016) Centennials, la nueva generación que pone un pie en las empresas. Recuperado de: http://www.ambito.com/856642-centennials-la-nueva-generacion-que-pone-un-pie-en-las-empresas [Consulta: 10 ene, 2019].

Emoción. (2018, 1 de junio). Wikipedia, La enciclopedia libre. Fecha de consulta: 12:21, enero 11, 2019 desde https://es.wikipedia.org/w/index.php?title=Emoci%C3%B3n&oldid=117093827

Definiciona. (s/f) Aprender. Recuperado de: https://definiciona.com/aprender/#etimologia [Consulta: 25 ene, 2019].

Real Academia Española (2014) Aprender. En Diccionario de la Lengua Española (23a. ed.) Recuperado de: http://dle.rae.es/?id=3IWZ4nr [Consulta: 25 ene, 2019].

Mas, M. (2015) Etapas del Neurodesarrollo. Recuperado de: https://neuropediatra.org/2015/12/16/etapas-del-neurodesarrollo [Consulta: 25 ene, 2019].

Moneta, M. (2014) Apego y pérdida: redescubriendo a John Bowlby. Recuperado de: http://www.scielo.cl/scielo.php?script=sci_arttext&pid=S0370-41062014000300001 [Consulta: 26 ene, 2019].

Etapasdesarrollohumano.com (s/f) La niñez, la tercera etapa del desarrollo del ser humano. Recuperado de: http://www.etapasdesarrollohumano.com/etapas/ninez/ [Consulta: 27 ene, 2019].

Arias, S. (s/f) Etapas de Erikson durante la edad adulta temprana. Recuperado de: http://www.psicologicamentehablando.com/etapas-de-erickson-durante-la-edad-adulta-temprana/ [Consulta: 2 feb, 2019].

Aciprensa.com (s/f) La etapa de la juventud. Recuperado de: https://www.aciprensa.com/recursos/la-etapa-de-la-juventud-392/ [Consulta: 6 feb, 2019].

Loughlin, L. (2002) El adulto mayor y el anciano. Recuperado de: http://www.psiconet.com/tiempo/monografias/anciano.htm [Consulta: 6 feb, 2019].

Inteligencia. (2018, 12 de mayo). Wikipedia, La enciclopedia libre. Fecha de consulta: 17:10, febrero 10, 2019 desde https://es.wikipedia.org/w/index.php?title=Inteligencia&oldid=1 18188251

Cepi.us. (s/f) Las inteligencias Múltiples de Howard Gardner. Recuperado de: http://www.cepi.us/doctorado/didactica/03%20LAS%20INTEL IGENCIAS%20MULTIPLES.pdf [Consulta: 10 feb, 2019].

Sanabria, M. (s/f) Las técnicas participativas en la clase encuentro: una interesante experiencia pedagógica. Recuperado de: http://www.monografias.com/trabajos43/tecnicas-participativas/tecnicas-participativas2.shtml#ixzz4YDmzPtEX [Consulta: 12 feb. 2019].

Rueda, (2009, agosto 3) Sir Ken Robinson_Las escuelas matan la creatividad. [Archivo video]. Recuperado de: https://www.youtube.com/watch?v=nPB-41q97zg [Consulta: 11 feb, 2019].

Ted.com. (2007) Kids can teach themselves. (Sugata Mitra) [Archivo video]. Recuperado de: https://www.ted.com/talks/sugata_mitra_shows_how_kids_teac h_themselves [Consulta: 11 feb, 2018].

Benninck, R. (2004) Implementing e-learning from the corporate perspective [Archivo PDF]. Recuperado de: http://wikieducator.org/imágenes/8/83/Benennink.pdf.

Blackwell y Cols (2007) Learning about the malleability of intelligence improved math grades among seventh graders over the next semester and improved classroom motivation (PDF), New York. Recuperado de: https://www.wiseinterventions.org/posters/learning-about-developing-your-intelligence-improved-math-grades-among-seventh-graders-over-the-next-semester-and-improved-classroom-motivation [Consulta: 12 feb. 2019].

Educators view on the role of neurocience in education: findings from a study of UK and international perspective.

[Archivo PDF]. Recuperado de:
http://www.bris.ac.uk/education/people/academicStaff/edpahj/p
ublications/mbe2007.pdf p. 112 [Consulta: 13 feb. 2019].

Shaywitz y Cols (2004) Los estudiantes con TDAH y su evaluación académica, recopilación realizada por AM Galaburda en 2006; sobre investigaciones realizadas por Shaywitz y Cols. [Archivo PDF]. Recuperado de:
https://www.tdx.cat/bitstream/handle/10803/1311/05.ACL_CA
P_4.pdf?sequence=6&isAllowed=y [Consulta: 18 feb. 2019].

Ana María Villalpando

ACERCA DE LA AUTORA

Ana María Villalpando, original de La Paz Bolivia, es una persona apasionada por transmitir nuevas técnicas para que la sociedad permanezca y continúe actualizándose en los siguientes pasos en esta nueva era "La Inteligencia Artificial".

Es Licenciada en Marketing, Relaciones Publicas y Licenciada en Derecho. Es Docente Universitaria en las carreras de Marketing, Derecho y Post Grado en Educación Superior. Como docente es multifacética y multidisciplinaria a la hora de aplicar técnicas innovadoras en sus clases magistrales. Está convencida que el utilizar Gamificación, Co-creación y Dramatización, le generan valor al aprendizaje; además, combina elementos en base a estudios de neuroeducación y neurocoaching.

Es coordinadora y organizadora de seminarios nacionales e internacionales y una muestra de ello fue "De la mesa de cocina a la mesa de negociaciones" dirigido a mujeres líderes del altiplano en la ciudad de La Paz – Bolivia. Creadora de la primera revista jurídica de las universidades privadas con auspicio de la Universidad de Los Andes (2011). Ha participado como impulsora del proyecto de Políticas y Estrategias para Sinergizar la Educación Permanente en el área rural (2003); Ministerio de Educación, Cultura y Deportes.

Fue condecorada con el grado de "Oficial" por labores en Pro del desarrollo del departamento de La Paz – Bolivia.

Es Chief Executive Officer de "Do It Well" – Bolivia, Paladín de nuevas técnicas de aprendizaje para el sector educativo, empresarial y de crecimiento personal. Estas herramientas están acordes con el mundo globalizado actual y proporcionan alternativas frente a la necesidad de un cambio de paradigma para ayudar a jóvenes estudiantes, profesionales, emprendedores e innovadores.

Es Life Coach Integral y Mentor Coach Educativo, también Profesional en Programación Neurolingüística (PNL) certificada por la Academia de Coaching y Capacitación Americana (ACCA-USA). Certificada en Oratoria de Alto Rendimiento (Nobel Asesores). Master Training en Neuroventas (BiiALAB). Certificada curso de Explosión de Riqueza (Santiago – Chile). Lectora de Alto Rendimiento (LAR 1,2,3 – Nobel Asesores). Aprendiz de ILAR para ser Instructora.

Contacto

Para contactar con la autora puedes escribir a:

anamavillalmon@gmail.com

Ana María Villalpando